뛰다,
그리고
나를 만나다

뛰다, 그리고 나를 만나다
두 발로 다시 쓰는 길 위의 인생 이야기

초판 1쇄 발행 2025년 10월 17일

지은이 김설규
펴낸이 장길수
펴낸곳 지식과감성#
출판등록 제2012-000081호

교정 이주연
디자인 김희영
편집 김희영
검수 주경민, 정윤솔
마케팅 김윤길

주소 서울시 금천구 벚꽃로298 대륭포스트타워6차 1212호
전화 070-4651-3730~4
팩스 070-4325-7006
이메일 ksbookup@naver.com
홈페이지 www.knsbookup.com

ISBN 979-11-392-2855-7(03810)
값 15,000원

- 이 책의 판권은 지은이에게 있습니다.
- 이 책 내용의 전부 또는 일부를 재사용하려면 반드시 지은이의 서면 동의를 받아야 합니다.
- 잘못된 책은 구입하신 곳에서 바꾸어 드립니다.

지식과감성#
홈페이지 바로가기

뛰다,
그리고
나를 만나다

김설규 지음

두 발로 다시 쓰는 길 위의 인생 이야기

지식감성

차 례

추천사   6

Chapter 1 삶의 변곡점에서 달리기를 조우하다

1. 대한민국, 달리기로 깨어나다   10
2. 삶의 벼랑 끝에서, 나를 잃어버린 시간   17
3. 걷기, 달리기를 향한 미미한 첫걸음   23
4. 러닝, 내면을 보듬다   34

Chapter 2 달리기의 모든 것

1. 달리는 삶의 네 친구, 나의 주방사우(走房四友)   40
2. 달리기, 몸과 마음의 과학적 변화   50
3. 함께 달리기가 더 쉬운 이유:
   심리학, 생물학, 신경학적 탐구   56
4. 런린이가 조심해야 할 것들   62
5. 러너가 기억하면 좋은 숫자들   68
몸의 협주곡: 족저근막염 치료의 새로운 접근   85

Chapter 3 **1,400km 러닝이 가져온 기적들과 깨달음**

1. 1,400km의 기적 1: 불안이 사라지다 90
2. 1,400km의 기적 2: 아침 구역질이 사라지다 94
3. 1,400km의 기적 3: 장 트러블, 마침내 사라지다 97
4. 달리기, 카메라가 깨운 내 안의 마법 101
5. 달리기와 음악, 영혼의 하모니 106
6. 달리기가 내 몸에 새긴 세 가지 기적 110

Chapter 4 **달리기가 넓혀 준 나의 세계**

1. 하노이의 새벽, 과거와 마주하다 114
2. 다카의 열기 속에서 찾은 평화 118
3. 싱가포르, 머라이언의 아침인사 122
4. 작지만 소중한 도전, 10km 마라톤대회 126
5. 아빠의 러닝, 딸에게 전하는 가장 따뜻한 유산 132

감사의 글 138

추천사

고등학교 시절 같은 반에서 함께했던 친구가, 이제 중년이 되어 한 권의 책으로 자신의 삶을 고스란히 풀어 냈습니다. 그때의 소년이 세월의 굴곡을 지나 불안과 절망을 넘어, 달리기로 삶을 새롭게 일으켜 세운 이야기를 이렇게 담아냈다는 사실이 무척 감동스럽습니다.

이 책은 단순한 달리기 기록이 아닙니다. 절망의 벼랑 끝에서 다시 자신을 일으켜 세우는 과정, 걷기에서 달리기로 이어지는 작지만 위대한 발걸음, 그리고 마침내 찾아온 삶의 회복과 내적 성숙에 대한 진솔한 고백이 담겨 있습니다. 저자는 달리기를 통해 자기 자신을 새롭게 만났고, 이제 그 길에서 얻은 깨달음을 독자들과 나누고자 합니다.

책장을 넘기다 보면 우리는 알게 됩니다. 달리기는 몸을 단련하는 행위를 넘어 마음을 치유하고, 삶의 의미를 다시 쓰게 하는 놀라운 힘이 있음을. 그리고 이 책은 우리 모두가 각자의 방식으로 불안과 고통을 이겨 낼 수 있다는 희망의 메시지를 전합니다.

같은 반 친구로서, 또 오랜 벗으로서, 저자의 용기와 성찰에 깊은 존경을 보냅니다. 이 책이 많은 이들에게 삶을 다시 바라보는 지혜와 용기를 전하는 소중한 길잡이가 되기를 바랍니다.

2025년 8월
대한변호사협회 부협회장
정지웅

Chapter 1

삶의 변곡점에서 달리기를 조우하다

1

대한민국, 달리기로 깨어나다

트랙과 도시를 점령한 새로운 물결: 대한민국은 지금 '러닝 붐'

  한강의 새벽은 더 이상 조용하지 않다. 어둠을 가르며 아스팔트를 박차는 발걸음 소리가 심장박동처럼 도시의 새벽을 깨운다. 한때 운동화 끈을 동여매는 일은 철인경기 선수나 마라톤 동호회의 전유물이라 여겨졌지만, 이제 러닝은 고글과 이어폰으로 한껏 멋을 부린 젊은 러너들부터 노쇠해져 가는 육신을 부여잡고 건강을 위해 고군분투하는 노인에 이르기까지 국민 모두가 참여하는 문화 혁명이 되었다. 통계와 미디어의 보도는 이 뜨거운 열풍을 명확히 증명하며, 한국 사회의 새로운 라이프스타일 트렌드를 보여주고 있다.

러닝 열풍, 숫자로 증명하다

  가장 눈에 띄는 변화는 폭발적으로 증가한 러닝 인구다. 각종 스포츠 업계 추산에 따르면 국내 러닝 인구는 이미 1,000만 명을 넘어선

것으로 보인다. 이는 2017년 약 500만 명 수준에서 두 배 이상 급증한 수치다. 한국갤럽의 조사 결과는 이러한 추세를 더욱 명확히 뒷받침한다. 2023년 기준, 지난 1년간 조깅이나 달리기를 경험한 사람의 비율은 32%로, 2021년의 23%에서 큰 폭으로 증가하며 다른 어떤 운동 종목보다 높은 증가율을 보였다. 이는 단순히 운동을 즐기는 인구가 늘어난 것을 넘어, 러닝이 국민적 활동으로 부상했음을 시사한다.

이러한 붐은 관련 산업의 성장으로 직결되고 있다. 국내 운동화 시장은 약 4조 원 규모로 추산되는데, 이 중 러닝화 시장이 1조 원 이상을 차지할 정도로 그 위상이 높아졌다. 지난해 국내 3대 백화점의 러닝화 매출이 전년 대비 30% 이상 증가했다는 보도는 러너들의 지갑이 기꺼이 열리고 있음을 보여준다. 단순히 뛰는 것을 넘어, 자신의 개성과 기록 향상을 위한 전문 장비에 대한 투자가 활발해지면서 '러닝화 계급도'와 같은 신조어가 등장하고, 일부 인기 모델은 품귀 현상을 빚기도 한다.

함께 달리며 즐기는 축제: 마라톤 대회와 러닝 크루

전국 각지에서 열리는 마라톤 대회는 '러닝 붐'의 정점을 보여주는 축제의 장이 되었다. 코로나19 팬데믹 이후 재개된 주요 마라톤 대회들은 연일 역대 최대 참가 인원을 경신하고 있다. 2024년 대구마라톤대회는 2만 8천여 명이 참가해 성황을 이뤘으며, 여러 대회의 참가자 중 20~30대 청년층이 60~70%를 차지하는 등 젊은 세대가 러닝 열풍의 핵심 동력임이 확인되었다. 이들은 풀코스 완주라는 전통적인 목표를 넘어 5km, 10km 등 비교적 짧은 코스를 달리며 성취감을 맛보고, 이를 축제처럼 즐기는 새로운 문화를 만들어 가고 있다.

이러한 현상의 중심에는 '러닝 크루(Running Crew)' 문화가 있다. 혼자 뛰는 고독한 운동이 아니라, 함께 달리며 소통하고 즐기는 문화가 MZ세대를 중심으로 빠르게 확산된 것이다. 2022년 기준 서울에서만 100개가 넘는 러닝 크루가 활동하는 것으로 파악되었으며, 인스타그램에는 '#러닝스타그램', '#러닝크루' 등의 해시태그를 단 게시물이 수십만 개에 이른다. 이들은 정기적으로 모여 도심의 야경을 배경으로 달리는 '시티런'을 즐기고, 운동 후의 모습을 SNS에 공유하며 소속감과 즐거움을 나눈다.

(나 역시 자랑스러운 러닝크루의 일원이다. 운동 후의 모습을 SNS에 공유하며 소속감과 즐거움을 나눈다. 그리고 내 인생 여정의 순간순간을 기록으로 남긴다.)

이는 '갓생(God+인생, 부지런하고 생산적인 삶)'과 '헬시 플레저 (Healthy Pleasure, 즐겁게 건강을 관리하는 경향)'라는 최신 트렌드와 맞물려 러닝을 단순한 운동이 아닌, 자기 관리와 네트워킹을 위한 매력적인 소셜 활동으로 격상시켰다.

러닝 붐의 아이콘들: 기안84와 션이 던지는 메시지

어느덧 달리기는 우리 사회의 가장 뜨거운 키워드 중 하나로 자리 잡았다. 그저 숨 가쁘게 뛰는 행위를 넘어, 하나의 문화 현상이자 세대를 관통하는 라이프스타일로 확장된 것이다. SNS 피드는 러닝 크루 활동과 대회 참가 인증 샷으로 채워지고, 주말 새벽의 한강 공원은 형형색색의 운동복을 입은 러너들로 북적인다. 이러한 폭발적인 사회적 관심의 중심에는, 각기 다른 방식으로 달리기의 가치를 증명해 보인 방송인 기안84와 가수 션(Sean)이 있다.

기안84는 '평범한 우리'를 위한 달리기의 아이콘이다. MBC 예능 〈나 혼자 산다〉를 통해 공개된 그의 마라톤 도전기는 한 편의 성장 드라마와 같았다. 술과 불규칙한 생활에 찌들어 있던 그가 무기력증을 떨치기 위해 시작한 달리기는 시청자들에게 깊은 공감과 감동을 안겼다. 전문적인 운동선수와는 거리가 먼, 지극히 평범하고 때로는 엉뚱한 그의 모습은 달리기에 대한 심리적 문턱을 크게 낮췄다. 그의 도전 과정은 '진정성' 그 자체였다. 힘겨움에 찬 숨을 몰아쉬고, 고통에 얼굴을 찡그리면서도 포기하지 않고 한 걸음씩 내딛는 모습은 꾸밈없는 날 것 그대로였다. 사람들은 완벽하게 준비된 챔피언이 아닌, 넘어지고 일어나기를 반복하며 자신의 한계와 싸우는 '보통 사람' 기안84에게서 자신의 모습을 발견했다. 그의 완주는 '나도 할 수 있다'는 강력한 동기 부여와 함께, 달리기가 신체적 단련을 넘어 무기력한 일상에 활력을 불어넣고 자존감을 회복시키는 내면적 성장의 과정임을 명확히 보여주었다. 기안84의 달리기는 개인의 서사, 즉 '나 자신을 이기기 위한 고독한 싸움'이라는 러닝의 본질적 가치를 대중에게 각인시킨 것이다.

기안84가 달리기의 '내면적 가치'에 불을 지폈다면, 션은 달리기의 '사회적 가치'를 최전선에서 증명하고 있는 선구자다. 그는 20년 가까이 꾸준히 달리며 '선한 영향력'의 아이콘으로 자리매김했다. 션에게 달리기는 단순한 건강 관리가 아닌, 나눔과 기부를 실천하는 핵심적인 도구다. 그의 달리기는 언제나 뚜렷한 목표와 의미를 향한다. 특히 그의 대표적인 활동인 '815런'은 달리기가 어떻게 사회적 연대와 역사적 의미를 품을 수 있는지를 보여주는 기념비적인 이벤트다. 광복절인 8월 15일을 기려 총 81.5km를 달리는 이 행사는, 독립유공자 후손들을 돕기 위한 기부금을 마련하기 위해 시작되었다. 참가자들은 그의 도전에 함께 뛰거나 온라인으로 응원하며 기부에 동참했다. 션의 한 걸음 한 걸음은 개인의 건강을 넘어, 우리가 잊지 말아야 할 역사를 기억하고 어려운 이웃을 돕는 의미 있는 발걸음으로 치환된다. 그는 '나의 땀방울이 누군가에게 희망이 될 수 있다'는 사실을 몸소 보여주며, 달리기를 이타적인 실천이자 사회적 참여의 플랫폼으로 격상시켰다.

이처럼 기안84와 션은 각기 다른 방식으로 러닝의 매력을 극대화하며 대중의 마음을 사로잡았다. 기안84가 평범한 사람들에게 '시작할 용기'와 '자신을 이겨 내는 성취감'을 주었다면, 션은 이미 달리고 있는 이들에게 '함께 뛰는 가치'와 '더 큰 목적을 위한 동기'를 부여했다. 전자가 지극히 개인적인 성찰의 여정이라면, 후자는 의미 있는 공동체를 향한 확장의 여정이다.

러닝: 삶을 구원하는 위대한 움직임

결론적으로, 현재 한국 사회의 러닝 붐은 일시적인 유행을 넘어선 하나의 사회적 변화로 해석된다. 개인의 건강과 성취감 추구라는 동기에 '함께'라는 공동체적 가치와 SNS를 통한 공유 문화가 결합하여 강력한 시너지를 내고 있다. 누구나 쉽게 시작할 수 있다는 장점 위에 새로운 문화적 코드가 덧입혀지면서, 러닝은 개인의 일상을 넘어 사회 전반에 건강하고 활기찬 에너지를 불어넣는 새로운 아이콘으로 자리매김하고 있다. 아스팔트 위를 수놓는 수많은 러너들의 발걸음은 앞으로 한국 사회가 나아갈 역동적인 미래를 비추는 듯하다.

멈추지 않는 도전: 삶의 변곡점에서 달리기를 만나다

달리기는 단순한 운동이 아니다. 그것은 도시의 소음 속에서 잃어버린 것 같은 나를 되찾은 내밀한 명상이며, 발바닥으로 땅을 박차는 반항의 몸짓이다. 과학은 엔도르핀과 BDNF로 그 이득을 설명하지만,

우리는 이미 알고 있다. 새벽 6시, 한강 변을 달리며 마주치는 낯선 러너의 미소가 주는 위로, 10km 완주 후 마시는 물 한 모금의 달콤함, 그리고 그날 저녁 침대에 누웠을 때 느껴지는 근육의 피로감이 주는 이유를 알 수 없는 만족감, 마일리지가 쌓여 감에 따라 나를 향해 다가오는 수많은 세상사를 다 쳐내고도 남을 것 같은 자신감을. 러닝은 결국 우리가 인간임을 확인하는 의식과 다르지 않다. 두 발로 서서 앞으로 박차고 나아가는, 그 단순한 행위가 우리를 구원한다.

　사람의 인생에는 누구나 강물이 방향을 틀듯 거대한 전환점이 찾아온다. 내 삶에도 그런 변곡점이 두 번 있었다. 첫 번째는 아내를 만나 가정을 이룬 것이고, 두 번째는 달리기를 시작한 것이다. 누군가 내 인생을 나누어 보라 한다면 나는 망설임 없이 답할 것이다. 달리기를 몰랐던 나의 세상과, 두 발로 땅을 박차고 나아가는 법을 깨달은 이후의 세상으로 나뉜다고. 이 책은 달리기가 어떻게 내 삶을 송두리째 바꾸어 놓았는지에 대한, 나의 가장 솔직한 고백이다.

2

삶의 벼랑 끝에서, 나를 잃어버린 시간

하노이의 그림자: 절망 속으로 침잠하다

 달리기를 알기 전의 나는 어떤 모습이었을까. 2012년, 베트남 하노이 주재원으로 발령받았을 때만 해도 나는 희망에 부풀어 있었다. 승진의 기쁨에 취해, 앞으로 펼쳐질 낯선 땅에서의 삶에 어떤 시련이 숨어있는지 까맣게 몰랐다. 그러나 하노이의 현실은 녹록지 않았다. 끝없이 밀려드는 업무의 산더미에 파묻혀 하루 종일 노트북 자판 위에서 손가락을 혹사시키는 것이 일상의 전부였다. 탈출구 없이 쌓여가던 스트레스는 결국 내 몸을 배신했다.

 2014년 10월, 극심한 피로감을 이기지 못해 찾아간 병원에서 나는 청천벽력 같은 진단을 받았다. B형 간염 바이러스가 활성화되어 간염증 수치가 하늘 높은 줄 모르고 치솟고 있다는 것이었다. 의사는 믿을 수 없다는 표정으로 내 얼굴과 진료 기록을 번갈아 보았다. 말기 암 환자에게서나 볼 법한 수치라며 혀를 내둘렀다. 꼬박 6개월을 약에 매

달리고 나서야 나는 겨우 정상 수치를 되찾을 수 있었다.

불안과의 사투: 끝없는 고통의 터널

인생의 큰 고비를 넘겼다고 안도한 것도 잠시, 2017년 여름부터 나는 '불안'이라는 보이지 않는 적과의 싸움을 시작해야 했다. 사람들은 불안을 그저 감정의 동요일 뿐이라고 쉽게 말한다. '마음 단단히 먹어', '좋게 생각해' 같은 조언들은 날카로운 칼날이 되어 오히려 상처를 헤집었다. 병적으로 깊어진 불안은 더 이상 마음의 문제가 아니었다. 그것은 내 몸과 영혼을 잠식하는 명백한 질병이었다.

불안이라는 보이지 않는 적에게 온몸이 포위당한 듯했다. 심장은 시도 때도 없이 갈비뼈를 부수고 튀어나올 듯 쿵쾅거렸고, 긴장할 때 나타나는 모든 신체 증상이 나를 지배했다. 사막을 헤매는 사람처럼 목이 바싹 타들어 갔고, 손에서는 축축한 진땀이 마를 날이 없었다. 마음이 고장 나니 업무에 집중하는 것은 사치였다. 집요한 불안은 기어이 마지막 보루였던 식욕마저 앗아갔다. 간신히 무언가를 삼켜도 위장이 거부하며 소화시키지 못했다.

밤은 더욱 끔찍한 고문이었다. 잠들지 못하는 밤, 간신히 잠이 들어도 가슴 가득 차오르는 불안감에 놀라 깨기 일쑤였다. 그런 날들이 6~7개월 이어지자 몸무게는 10kg이나 줄어 있었다. 이대로 가다가는 정말 죽을 것 같았다. 맡겨진 책임을 포기하고 싶지 않았지만, 사는 게 먼저였다. 나는 회사에 본사 복귀를 요청했고, 다행히 한 달 뒤 꿈에 그리던 한국 땅을 밟을 수 있었다. 그리고 곧장 휴직서를 내고 약

봉투를 손에 쥔 채 본격적인 투병에 들어갔다.

  2018년 1월부터 4월까지, 석 달의 휴식 끝에 나는 다시 회사로 돌아갔다. 그러나 복귀의 기쁨은 신기루처럼 짧았다. 그해 12월, 불안은 마치 이전의 회복에 복수라도 하려는 듯 몇 배는 더 강력한 모습으로 나를 덮쳤다. 다시 10kg의 살이 속절없이 빠져나갔다. 한번 휴직했던 터라, 다시 쓰러지면 회사에는 더 이상 내 자리는 없을 거라는 공포에 휩싸여 필사적으로 버텼지만 소용없는 몸부림이었다.

  새벽 한 시, 두 시, 세 시…. 시계의 초침 소리가 내 심장 소리처럼 들렸다. 결국 뜬 눈으로 밤을 지새우다 네 시 반이면 하릴없이 일어나 첫 지하철에 몸을 실었다. 텅 빈 사무실 의자에 앉아 보지만, 내 몸이 더는 내 것이 아닌 것처럼 엉덩이가 들썩여 견딜 수가 없었다. 회사 옆 건물 14층 교회에 찾아가 기도라도 해보려 했지만, 예배당 문턱을 넘을 용기조차 나지 않았다. 지하 기도실에 무릎을 꿇어도, 간절함은 기도가 되지 못하고 불안의 메아리가 되어 흩어졌다.

다시 찾아온 절망: 벼랑 끝에서 버티다

  결국 나는 다시 중대한 결심을 할 수밖에 없었다. 회사에 두 번째 휴직서를 제출했다. 감사하게도 회사는 또다시 나를 기다려 주었고, 2019년 1월, 나는 다시 세상으로부터 격리되었다. 휴직 기간 동안 나오는 기본급의 60%로는 네 식구의 삶을 꾸리기에 턱없이 부족했다. 아내는 나를 돌보느라 일을 구할 엄두도 내지 못했다. 훗날에야 알게 된 사실이지만, 처형이 가끔 아내 손에 백만 원을 쥐여 주며 힘든 시간을 버텨 보라 응원해 주었다고 한다.

이번에도 쉬면 나아질 거라는 기대는 산산조각 났다. 석 달이 지나도 불안은 조금도 수그러들지 않았다. 집에서조차 불안에 질식할 것 같아 밥을 넘기지 못했다. 아내는 하루 세 번, 밥알이 뭉그러진 죽을 끓여 내었고, 오후가 되면 아픈 내 팔짱을 끌어다 끼고 공원으로 향했다. 아내에게 팔짱을 낀 채 끌려가듯 나서는 내 모습은 영락없는 중병 환자였다. 봄꽃이 만개한 서서울호수공원을 돌며, 아내는 습관처럼 내게 말을 건넸다.

"여보, 고개 좀 들고 걸어."

나는 대답할 힘조차 없었다. 고개를 들라는 아내의 목소리는 너무 멀리서 들려왔다. 지금 생각해 보면 그 목소리 또한 아내가 온 힘을 비틀어 짜내듯 심흉 깊은 데서 뽑아 올리는 한마디 비명이었음을…. 그때는 몰랐다. 내 시선은 이미 땅바닥에 단단히 고정되어 있었다. 세상의 모든 무게가 내 목을 짓누르는 듯, 90도로 꺾인 목에서는 뻐근한 통증마저 느껴졌다.

끝나지 않는 싸움: 불안, 그리고 구원의 갈망

그렇게 석 달이 흘렀지만, 내 안의 불안이라는 망령은 잠들 줄을 몰랐다. 세상으로부터, 소란스러운 회사 일로부터 격리되면 나아질 거라 믿었던 것은 어리석은 오산이었다. 나는 벼랑 끝에 서 있다가 다시 절벽 아래로 떠밀리는 심정으로 3개월 휴직 연장을 신청하며 버텨 보기로 했다. 다시 한 달이 속절없이 흘렀지만 불안은 여전했다. 오히려 불안은 그림자처럼 제 몸집을 불려 나갔고, 급기야 밤에는 불면이, 낮에는 무기력이 온몸을 잠식했다. 삐걱이는 흔들의자에 앉아 텅 빈 시선으로 창밖을 응시하는 것이 내가 할 수 있는 전부였다.

다시 한 달이 지날 무렵, 차라리 이제 그만 나를 놓아주는 편이 낫겠다는 절박함이 온몸을 감쌌다. 하루를 버티는 것이 더 이상 살아있는 것이 아니었기 때문이다. 어느 날 한밤중, 얕은 잠에서 퍼뜩 깨어났을 때 '이제 그만하자'라는 생각이 마치 망령의 속삭임처럼 귓가를 때렸다. 그날, 나는 입원을 결심했다. 병원에서의 한 달은 지독한 투병 생활의 시작이었다(지독한 투병 생활 중 있었던 일들은 나의 첫 번째 책 《평범한 직장인의 평범하지 않은 불안 다루기》라는 책에서 자세히 설명한 적이 있다). 그 시간 이후 드라마틱하게 병증이 완화되었고, 다행히도 석 달 뒤에는 복직할 수 있었다. 불안이라는 이름의 병은 나를 기어이 지옥의 문턱까지 끌고 갔다 온 셈이다.

그러나 그 후로도 불안은 내가 잊을 만하면 어김없이 고개를 불쑥 내밀었다. 그것은 마치 짓궂은 아이처럼 '까꿍' 하고 나타나 '설마 벌써 나를 잊은 건 아니지? 나 아직 이렇게 멀쩡해'라고 속삭이며, 평범하게 살고 싶었던 내 삶에 쉼 없이 돌팔매질을 해댔다. 7년간 약을 먹으며 불안의 기세를 눌러 왔지만, 항불안제 자체가 온전한 치유를 보장하지 않는다는 사실을 나는 뼈저리게 깨닫고 있었다. 만약 약이 궁극적인 치유책이었다면, 그토록 자주 불쑥 솟아나 내 온 세상을 뒤흔드는 불안에 그토록 고통스러워하지는 않았을 것이다. 물론 한약도, 심리상담도 아무런 소용이 없었다.

  그렇다. 달리기를 만나기 전 나의 삶은, 어느 날 갑자기 찾아온 불안이라는 병마와 치열하게 싸워야 했던 고독한 투병의 역사였다.

3

걷기, 달리기를 향한 미미한 첫걸음

　회사에서 이미 많은 이들은 나를 불안장애가 극심한 환자로 대했다. '저 사람은 절대 스트레스를 주면 안 돼. 언제 불안이 재발할지 모르잖아.' 어쩌면 사람들은 내 눈치를 보며 조심스럽게 일을 했을 것이다. 본디 사람은 자신의 건강과 마음 상태를 눈동자에 고스란히 담고 살아가는 법이다. 굳이 말을 통해 드러내지 않아도 지금 건강한지 아닌지, 삶이 평온한지 아닌지가 오롯이 드러나게 된다. '눈은 마음의 창'이라는 옛말이 괜히 있는 것이 아니었다.

　회사에서 가깝게 지내던 한 상사가 어느 날 나를 자신의 방으로 불러 차 한 잔을 건넸다. 이런저런 세상사를 나누다 문득 그가 내게 이런 말을 건넸다.

　"요즘도 계속 불안 때문에 힘들어? 좀 걸어 보는 건 어때? 난 걸으니까 복잡했던 마음이 정리되던데…."

　1년 반의 세월이 흐른 지금 되돌아보면, 그 말은 지금의 나를 달리기에 진심이게 만든 최초의 충고이지 모든 것의 시발점이었다. 7년간의 약물치료로도, 한약으로도, 명상으로도, 심지어 심리상담으로도 온전한 치유를 경험하지 못한 내게 그것은 마지막으로 붙잡아 볼 지푸라기, 어쩌면 마지막 남은 희망 같은 것이었다.

'그래, 그렇다면 걸어 보자.'

불안과의 동행: 첫 발걸음의 고통

나의 가장 큰 장점은 조급한 성정이 때로는 강력한 실행력으로 이어진다는 것, 무언가를 시도하는 데 즉각적이라는 점이다. 그날 점심시간부터 나는 걷기를 시작했다. 하지만 처음부터 걷는 일이 순탄했던 것은 아니다. 7년간 이어진 불안장애가 어린 시절부터 앓던 신경성 대장염을 최악의 상태로 몰고 갔기 때문이다. 내가 온전히 걷는 시간을 확보할 수 있는 때는 출근길, 점심시간, 그리고 퇴근 후 저녁, 하루 세 번이었다.

평소보다 30분 일찍 집을 나서 광화문에서 내렸다. 곧장 청계천으로 내려가 물길을 따라 걷다가 을지로를 거쳐 다시 종각역을 지나 회사로 향했다.

문제는 점심시간이었다. 식사를 마치고 30분 정도 더 걸어 보려 했지만, 처음에는 그마저도 쉽지 않았다. 밥을 먹고 바로 걷기 시작하면 어김없이 배가 아파 올 만큼 내 위장은 오랜 불안에 시달려 제 기능을 상실한 지 오래였다. 고작 5분 남짓 걸었을 뿐인데도 신호는 찾아왔다. 그렇다고 여기서 포기할 수는 없었다. 그래서 내가 택한 방법은 종로서적이 위치한 종로타워 주위를 뱅글뱅글 맴도는 것이었다. 1층 화장실이 바로 옆이니, 걷다가 배가 아파 오면 곧장 피신할 수 있는 최적의 장소였다.

굴복할 수 없는 의지: 절망을 넘어선 한 걸음

처음 걷기를 시작할 때, 포기하고 싶은 마음이 왜 없었을까. 조금만 걸어도 번번이 찾아오는 복통에 '이게 맞는 걸까' 하는 절망감이 턱밑까지 차오르지 않았다면 거짓말이다. 하지만 포기할 수는 없었다. 이대로 불안에 무릎 꿇고 내 평생이 불안으로 점철된 삶을 살아간다는 것은 죽기보다 더 힘든 일이었으므로.

다행히도 조금씩 걷는 거리가 늘어나면서 식후의 즉각적인 복통은 시나브로 줄어드는 듯했다. 2주 정도 지났을까, 복통의 빈도가 눈에 띄게 주는 것 같아 나는 종로타워를 벗어나 보기로 결심했다. 내가 다시 잡은 경로는 역시 청계천이었다. 점심을 먹고 종각역을 지나 청계천으로 내려섰다. 개울가를 따라 종로5가까지 갔다가 되돌아오는 길. 그러나 이 경로를 택한 순간, 나는 또 다른 난관에 봉착했다. 나 스스로도 미처 예견하지 못했던 일이었다. 청계천을 따라 걸으며 종각이라는 익숙한 환경에서 조금씩 멀어질수록, 낯선 공간에 대한 불안감이 스멀스멀 피어오르며 배가 아파 온다는 것을. 불안이나 신경성 대장염을 앓아 보지 않은 사람, 그로 인한 강박적 사고와 신체화 증상에 시달려 보지 않은 사람은 결코 이해할 수 없는 현상이다.

차가운 겨울 속, 묵묵히 쌓이는 마일리지

청계천에서 위로 올라갈 수 있는 계단은 몇 군데로 한정되어 있다. 이는 불안과 연결된 신경성 대장염을 가진 이들에게 또 다른 불안을 조성하는 환경인 셈이다. 걷다가 갑자기 배가 아프면 갈 수 있는 화장실이 극히 제한적이기에, '절대 배가 아프면 안 된다'는 강박이 생긴다. 하지만 '절대 그러면 안 된다'는 생각은 역설적이게도 바로 그 상황을 불러오고, 위급할 때 화장실에 갈 수 없다는 인식은 끓는 물에 기름을 붓는 격이 된다.

걷기로 불안을 이겨 내 보겠다는 나의 간절한 의지를, 내 몸이 이토록 처절하게 거부하고 있었다. 두세 번 청계천을 걷다가 화장실을 찾아 종로5가 공구상가를 헤맸던 기억은, 결국 내 발걸음을 다른 곳으로 향하게 했다. 포기할 수는 없으니, 경로를 바꿀 수밖에. 나는 정독도서관과 경복궁 인근으로 나의 산책로를 옮겼다. 추운 겨울이 다가오는 12월, 홀로 걷는 걸음은 더없이 을씨년스럽고 쓸쓸했다. 가슴 한가운데서는 열기인지 불안인지 모를 뜨거운 것이 활활 타올랐지만, 그렇다고 걷기를 멈출 수는 없었다.

그렇게 차가운 도시의 겨울 속에서, 나만의 걷기 마일리지는 하루도 빠짐없이 묵묵히 쌓여 가고 있었다. 2023년 12월 11일 그해 초겨울, 나는 걷기의 경험을 내 블로그에 이렇게 적었다.

'그렇다. 난 5~6년 동안 계속 재발하고 있는 나의 불안 관련 증상들을 다스리기 위한 여러 수단들 중 그동안 한 번도 내가 시도해 보지 않은 것을 최근 시도하고 있다. 그것은 다름 아닌 걷기이다. 가장 돈이 들지 않고, 걷는다는 극히 기본적이고 단순한 행동이 우리의 건강을 지켜줄 것이라는 생각이 쉽게 착안하기 힘들기에 그동안 한 번도 시도해 보지 않았던 일을 지금에야 하고 있다. 뒤돌아 생각해 보면 첫 번째 불안장애로 인한 휴직을 한 3개월 동안 거의 하루도 빠짐없이 화곡동 배수지 체육시설로 운동을 다녔는데 그 왕복하는 거리를 생각해 보면 평균 80분 정도 걸렸던 거 같고 자연스레 하루 만 보 이상의 걸음을 3개월 가까이 실천했던 것 같다.

지금은 휴직을 한 상태가 아니므로 걷기만을 위해 따로 시간을 내는 일이 그리 쉽지는 않아서 출근시간과 점심시간을 이용하여 걷고, 주말에는 무조건 2시간 이상의 스케줄을 비워서 1만 4천 보 이상은 걸으려 노력하고 있다. 12월 11일 아침에는 5시에 눈이 뜨여서 일찍 집을 나섰고 부슬부슬 겨울을 재촉하는 비가 내렸지만 서대문에서 내려 걷기 시작했다. 서대문에서 강북삼성병원을 지나 광화문 광장, 그리고 청계천으로 방향을 돌려 종로5가 부근 청계3가까지 걸어 내려갔다가 다시 광화문까지 걸어 올라오니 거의 한 시간이 지나갔다. 청계천에는 다가오는 크리스마스를 축하하기 위한 불빛 행사 준비가 한창이었다.

불빛행사가 시작되고 저기 달 모양의 조형물에 불이 들어오면 얼마나 예쁠까 생각하며 하염없이 걸었다. 12월 11일 오늘은 걷기 시작한 지 2주 차가 되는 날이다. 불안장애 신체화 증상 때문에 점심시간에 잠들 수 없게 되면서부터 달콤한 오침의 유혹을 뿌리치고 나와 걷기 시작했다. 그리고 한약을 먹고 나서 2주 만에 한의사의 권고대로 아침 약을 줄이고 나니 예기불안 때문에라도 더 걷기에 몰입했던 것 같다. 걸으면서 비발디의 〈사계〉(봄, 여름, 가을, 겨울)를 모두 들으면 약 40분 조금 더 되는데 지난 주말에는 서서울호수공원에서 비발디의 〈사계〉를 세 번 연속 듣고 나서야 걷기가 마무리되었다.

특히 지난 토요일 오후와 밤은 정말 힘든 시간들이었다.

토요일 오전 아들의 병원진료에 따라 나섰고 병원을 다녀와서는 딸과 아들과 함께 대학 진로에 관한 이야기들을 나누었는데 무슨 이유에서인지 토요일 오후는 너무나 힘이 들었고 그날 밤은 30분 단위로 쪽잠을 자듯이 거의 수면에 들지 못했다.

더 이상 잠을 잘 수 없기에 잠을 포기하고 아침 7시가 채 안 된 시각 서서울호수공원으로 걷기에 나섰다.

겨울 아침 7시는 아직 많이 어둑어둑했다.

2시간이 넘도록 걷는 동안 해가 돋았고 해가 돋은 탓일까, 걷기로 인해 기분이 좋아진 탓일까, 음악이 좋아서였을까 나는 가끔 귀로 들리는 비발디 〈사계〉 중 가을이 연주될 즈음 지휘자가 되어 공중에 팔을 휘저으며 경쾌한 발걸음을 걷기도 했다.

12월 11일 오늘 걷기 2주 차가 되는 날, 어김없이 아침과 점심에 걸은 것만으로 이미 만 보가 넘어섰고 나의 걷는 거리는 5주째 증가를 보이고 있으며 6천 보에 머물던 나의 평균 걸음 거리가 최근 2주 동안 만 보를 넘어가고 있다.

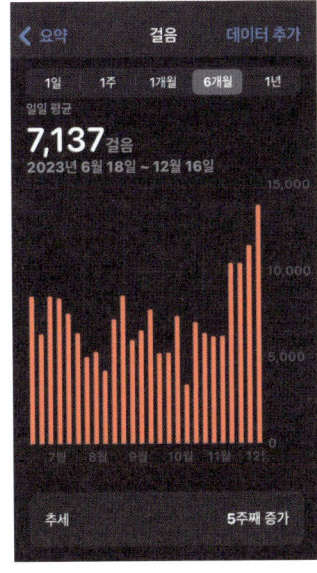 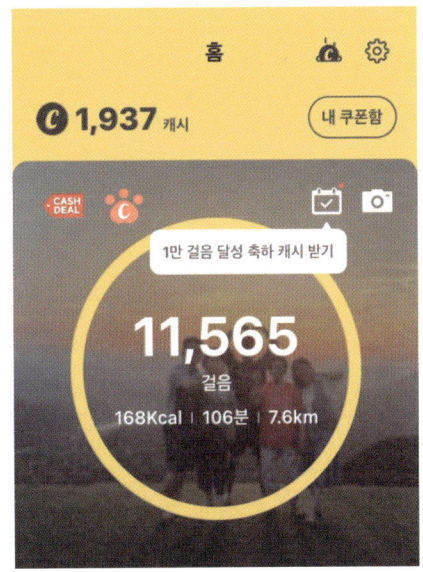

나의 이러한 노력에 기름을 부을 수 있는 무언가가 필요했기에 나는 챗GPT에게 아래와 같이 걸음에 대한 질문들을 쏟아 놓았는데 돌아온 대답은 다시 한번 나의 의지를 활활 불태우기에 충분한 것들이었다.

『User: 하루 만 보 이상 걸을 때 나타나는 우리 뇌의 변화를 설명해 줘.
ChatGPT: 하루에 만 보 이상을 걷는 것은 일반적으로 건강에 매우 긍정적인 영향을 미칩니다. 만 보 이상의 걷기는 운동량을 늘리고 심혈관 기능을 향상시키며, 이는 뇌에도 다양한 긍정적인 영향을 미칠 수 있습니다. 다음은 하루에 만 보 이상을 걸을 때 나타날 수 있는 뇌의 변화에 대한 설명입니다:
1. 혈액 공급 증가: 운동은 혈액 순환을 촉진하며 뇌에 산소와 영양분을 공급

하는 혈액 흐름을 증가시킵니다. 이는 뇌의 기능을 향상시키고, 증가된 혈액 공급으로 인해 뇌세포에 더 많은 에너지가 제공됩니다.
2. 신경 성장 인자 증가: 운동은 뇌에서 신경 성장 인자(NGF)와 뇌 성장 인자(BDNF)를 증가시킬 수 있습니다. 이러한 성장 인자들은 뇌 세포의 형성, 생존, 기능 유지에 기여하여 학습과 기억 능력을 증진시킬 수 있습니다.
3. 스트레스 감소와 기분 개선: 운동은 스트레스 호르몬인 코르티솔의 분비를 감소시키고, 대신 쾌감을 주는 내성물질인 엔도르핀을 증가시킵니다. 이로 인해 우울증 증상을 완화하고, 정서적 안정감과 기분 개선이 일어날 수 있습니다.
4. 인지 능력 향상: 만 보 이상의 걷기는 주의 집중력을 높이고 인지 능력을 향상시킬 수 있습니다. 뇌의 다양한 부분 간의 연결이 증가하고, 신경 회로가 강화되어 정보 처리 속도와 기억력이 향상될 수 있습니다.
5. 수면 향상: 정기적인 운동은 수면의 질을 향상시킬 수 있습니다. 좋은 수면은 기억력과 학습 능력에 긍정적인 영향을 미칠 뿐만 아니라, 뇌의 신경 전달 물질인 뉴로트랜스미터의 균형을 유지하는 데 도움이 됩니다.

이러한 뇌의 변화는 걷기와 같은 꾸준한 신체 활동이 뇌 건강에 미치는 긍정적인 효과를 나타냅니다. 하지만 각 개인의 상태와 건강 상태에 따라 결과는 다를 수 있으므로, 건강 상태에 따라 적절한 운동 계획을 수립하는 것이 중요합니다.

User: 뇌의 신경성장 인자(NGF)가 증가될 때 일어나는 일은?

ChatGPT: 뇌의 신경성장 인자(Neurotrophic Growth Factor, NGF)가 증가할 때 다양한 긍정적인 변화가 일어날 수 있습니다. NGF는 주로 뇌의 신경 세포에 영향을 미치는 단백질입니다. 여기에는 NGF 증

가로 인한 일부 영향들이 있습니다:

1. 신경세포의 생존과 성장 촉진: NGF는 뉴런(신경세포)의 생존과 성장을 촉진합니다. 이는 뇌의 다양한 부분에서 새로운 신경세포의 형성 및 존속에 긍정적인 영향을 미칠 수 있습니다.
2. 신경망 강화 및 새로운 시냅스 형성: NGF는 신경망 강화에 기여하고, 뉴런 간의 연결을 촉진하여 더 많은 시냅스를 형성할 수 있도록 돕습니다. 이는 학습 및 기억 능력 향상과 관련이 있습니다.
3. 스트레스 대비 능력 강화: NGF는 스트레스에 대한 저항력을 향상시킬 수 있습니다. 스트레스 상황에서도 뇌의 신경 세포가 더 잘 유지되고 기능할 수 있도록 도와줍니다.
4. 학습 능력 및 기억력 향상: NGF는 뇌의 학습 능력과 기억력을 증진시킬 수 있습니다. 뇌에서 정보를 처리하고 저장하는 데 필요한 기능들을 지원합니다.
5. 신경염증 억제: NGF는 뇌에서 발생하는 신경염증을 억제하는 역할을 할 수 있습니다. 신경염증은 뇌 건강에 부정적인 영향을 미칠 수 있으므로, NGF의 억제 작용은 이러한 부정적인 영향을 줄일 수 있습니다.

이러한 효과들은 NGF가 뇌의 신경 플라스티시티(neuroplasticity)를 촉진하고, 뇌의 구조와 기능을 유지하며 향상시키는 데 기여한다고 생각됩니다.』

난 특히 두 번째 질문에서 챗GPT가 이야기한 2번과 3번의 효과에 눈길이 갔다. 걷는다는 것이 신경망 강화에 기여하고 뉴런 간의 연결을 촉진하여 더 많은 시냅스를 형성한다는 점, 스트레스에 대한 저항력을 향상시킬 수 있다는 점 말이다. 걷기 14일 차가 지나고 있는 지금 나는 아침 감약에 도전하고 있다. 물론 지난 5~6년간 양약을 복용한 세월이 길어서 약 자체에 대한 의존도뿐 아니라 약에 대한 나의 심리적 의존도도 큰 상황이어서 감약을 시작할 때는 사실 두려움과 불안도 컸다. 하지만 불안할 때마다 수시로 카톡을 통해 한의사와 연락을 했고 한의사가 보내준 메시지를 읽으면서 마음의 확신과 긍정 메시지를 기억하고자 애썼다.

"약을 줄였을 때 일시적으로 증상이 나타나는 건 당연한 거예요. 그래도 한약 먹고 증상이 줄어들고 있으면 약의 방향은 잘 가고 있으니 시간이 지나면 점점 나아질 겁니다. 현재 조금 힘들 수 있어도 미래를 위해 조금만 참고 견딘다는 생각으로 줄여 주세요. 매뉴얼대로 약을 줄이니 너무 크게 힘들거나 하지는 않을 건데 지금 정신과 약에 의존도가 너무 크기 때문에 더 크게 불안을 느낄 수도 있습니다. 일단 이번에 받으신 약 잘 챙겨 드시고 2주 정도 더 지켜보는 게 좋으실 것 같아요."

올해가 이제 20일도 채 남지 않았고 20일 후면 내가 산 세월이 벌써 반백 년이 된다.

반백 년을 산 몸 치고 불안장애 외에 딱히 아픈 데가 없으니 감사할 일이다. 상대적인 감사가 절대적인 감사에 비해 질이 떨어진다고 말할지 모르지만 이미 이 나이에 내 주위에는 아픈 사람들이 많다. 고혈압이나 당뇨, 갑상선 기능 이상으로 고생하는 사람들, 전립선에 문제가 생긴 사람들, 암 투병 중인 사람들, 암으로 이미 세상을 떠난 이들, 신장 기능 이상으로 투석 중인 사람들.

그럼에도 불구하고 아직까지 내 몸의 다른 기능들은 매우 정상적으로 잘 작동하고 있으니 감사할 일이 아닌가. 그리고 나의 꾸준한 걷기가 가져올 미래의 건강한 나를 상상하며 오늘 하루를 감사함으로 살아가려 한다. 지난 주말 갑자기 이유 없이 툭 하고 떨어진 컨디션 때문에 읽어 본 《성경》 욥기에서 하나님의 위로를 경험하는 일 또한 내가 불안장애로 긴 세월 고생하지 않았으면 절대 경험할 수 없었을 '위로의 진수' 그 자체였다.

불안한 느낌을 조금씩 줄여가고 있고 주말 내내 2시간 이상씩 걸은 탓인지 오늘은 훨씬 낫다. 아침 약을 안 먹은 지 딱 8일째이다. 이대로 향후 2주 동안 괜찮아진다면 추가 감약에 도전해 볼만 할 것이고, 모든 일이 계획대로 된다면 나는 1월에서 2월 중순 사이에 모든 약을 끊을 수도 있겠다는 희망이 생긴다. 불안장애의 긴 터널의 끝을 볼지도 모를 일이다. 걷기와 함께….'

걷기를 넘어 달리기: 몸이 이끈 구원의 첫걸음

그렇게 한 달여를 꾸준히 걷자, 땅을 딛는 두 다리에 제법 힘이 실리기 시작했다. 한두 시간을 내리 걸어도 쉬이 지치지 않을 만큼 몸에 기력이 차오르자, 나는 자연스레 걷는 틈틈이 뛰는 동작을 섞어 넣기 시작했다. 누가 뛰어 보는 게 어떻겠냐고 권유한 것도 아니었다. 그저 몸이 먼저 반응했고, 마음이 그 뒤를 따랐을 뿐이다. 걷는 것만으로는 채워지지 않는 어떤 갈증을 해소하려는 듯, 조금 더 강한 움직임을 원하는 몸의 소리를 따라 그저 뛰기 시작한 것. 그것이 내가 처음 달리기에 발을 들인 소박한 계기였다.

그리고 그때는 미처 알지 못했다. 이 지긋지긋한 불안장애라는 긴 터널의 출구가, 걷기가 아닌 '달리기'에 마련되어 있을 줄은 꿈에도 상상하지 못했던 것이다.

4

러닝, 내면을 보듬다

  1년여 동안 달리기를 하는 동안 나의 내면이 더 성숙하고 성장하는 것을 느낄 수 있었다. 무엇보다 내 안에 있는 상처들이 보듬어지고 위로를 받는다고 느낀 적도 있었다. 사람이 달린다는 것이 정확히 어떤 기전을 통해 이토록 놀라운 일들을 가져오는지 잘 알 수 없지만 적어도 내 경험에서는 그랬다.

  달리는 동안 몸이 힘들기 때문에 사실 아무런 생각을 하지 못할 때가 많지만 역설적이게도 이런저런 생각들이 많이 떠오르기도 한다. 그 많은 생각들은 과거 내 인생에서 나를 힘들게 했던 사람일 때도 있고 힘들었던 시기일 때도 있다. 그럼 돌연 가슴에 돌덩어리 하나를 올려놓은 것처럼 마음이 답답해진다. 그러다 숨찬 가슴에 호흡을 몰아쉬며 긴 숨을 내뱉는 동안 그 생각은 다시 아침 안개가 햇살에 사라지듯 사라졌다. 나를 힘들게 했던 몇몇 사람들, 몇몇 시기들은 그렇게 파도처럼 내게 밀려왔다가 러닝이라는 해변가에 부딪힌 후 썰물처럼 빠져나갔다. 《성경》에 보면 하나님께서 해변이라는 땅의 경계를 정하여 바닷물이 육지를 넘어오지 못하게 하셨다라는 구절이 있는데 나는 바로 러닝이 해변이 되어 수많은 힘든 생각들을 밀어내고 정리하는 것 같은 느낌을 곧잘 받았다.

'아득히 먼 곳'에서 만난 슬픔의 공명

그날도 여전히 음악을 들으며 러닝을 하고 있었다. 조금 날이 흐려서 약간은 울적한 느낌이 있었다. 달릴 때마다 유튜브를 통해 이런저런 노래들을 들으며 달렸는데 그날은 드라마 〈나의 아저씨〉 OST인 〈아득히 먼 곳〉을 들으며 뛰었다. 사실 이 선곡은 달리기에 전혀 어울리지 않는 곡이었지만 그날 따라 날씨의 영향을 받은 듯하다.

구창모, 이승재, 양혜승이 각기 다른 느낌으로 부른 세 곡을 모아 둔 영상이었는데 그날 달리는 초반 10여 분 동안 두 번 정도 돌려 들은 것 같았다. 뛰면서 자연스레 나는 몇 달 전 유명을 달리한 이선균을 떠올렸다. 사람이 조물주의 축복을 받아 이 땅에 태어나 자연이 허락한 천수를 다 누리지 못하고 스스로의 손으로 삶을 마감한다는 것은 너무나 슬픈 일이다. 더욱이 이선균은 나와 태어난 해가 똑같은 1975년 토끼생이어서 내 슬픈 마음은 더 배가 되는 것 같았다. 또한 그가 출연한 〈나의 아저씨〉에서 중년 남자가 버티고 살아가는 힘겨운 사회생활과 가족 내에서의 가장의 역할, 힘겨운 남편의 자리를 꿋꿋하게 지켜 가며, 방황하는 아이유(IU)를 따뜻한 가슴으로 품어 주는 '아저씨'의 삶에 많은 뭉클함을 느꼈던 터라 그의 비참한 인생 마지막 모습은 더욱 가슴이 아팠다.

'아득히 먼 곳'이라는 곡의 가사처럼 이선균 그도 '가만히 생각하면 아득히 먼 곳'으로 가버려 내 마음도 따라 허전하다 못해 눈시울이 뜨거워졌다. 나 역시 이선균의 마음을 모르는 바가 아니다. 오죽하면 스스로 자신의 생애를 마감했을까. 7년간의 불안장애를 앓아 오면서 수많은 고통과 우여곡절을 겪어 온 나 역시 '이제 이 지긋지긋한 불안에서 나를 놓아주고 싶다'는 생각을 하지 않았다면 거짓말이다.

서서울호수공원에서의 절규: 아버지, 왜 그랬어요?

그렇게 〈아득히 먼 곳〉이라는 노래를 들으면서 뛰다가 '아득히 먼 곳'으로 떠나간 또 한 사람이 문득 생각이 나면서 가슴이 아파 왔다. 가슴 한가운데를 후벼 파는 통증과 함께 눈물이 솟구쳤다. 그 한 사람도 자신의 삶이 너무나 기구하고 기구하여 스스로 그 기구한 인생 살기를 포기한 사람. 이제는 '가만히 생각하면 아득히 먼 곳'에 있는 사람. 한 번도 다정히 불러 보지 못한 한 맺힌 이름.

아버지.

나는 서서울호수공원 나무 데크길 옆에서 도로변으로 난 샛길로 달려가 풀숲에 주저앉아 울기 시작했다. 뜨거운 눈물이 눈동자에서 쏟아졌고 가슴은 슬픔으로 가득 차올랐다. 나의 가슴 깊은 곳에서 올라오는 말 한마디는 '왜 그랬어요…'였다. 다른 아무 말이 필요 없었다. 귓가에서는 이선균이 불렀던 〈아득히 먼 곳〉이 구창모의 처연한 목소리를 통해 흘러나왔고 나는 이미 수십 년 전 돌아가신 아버지를 바로 앞에 만난 양 똑같은 말만 되뇌이었다.

'왜 그랬어요… 왜…. 왜 그랬어요…. 왜 그랬냐고……. 왜… 왜 그랬어요.'

그렇게 30~40분 이상을 앉아 울었나 보다. 한참을 울다가 정신을 차리고, 문득 딸과 함께 러닝을 나온 것을 기억해 내고는 서둘러 눈물을 닦고 딸을 찾아 나섰다. 언제 그랬냐는 듯이 엉덩이를 털고 일어나 딸을 찾아보았지만 딸은 보이지 않았다. 전화를 했더니 집에 먼저 왔다고 했다. '딸은 내가 거기 앉아 있는 것을 보았을까.' 제발 못 보았기를 바랐다. 집으로 돌아온 내게 딸이 말을 걸었다. "아빠, 아까 나 아빠 봤어. 근데 아빠 나무 데크 주변 도로변 쪽으로 내려가서 앉아 있더라? 뭐 했어 거기서?" 나는 아무 말도 할 수 없어서 빨리 적당한 핑계를 찾으려 두리번거렸다. 그러고는 "힘들어서 잠깐 쉬었지… 앉아서." 라고 대답했다.

러닝: 비우고 채우는 치유의 과정

실컷 울고 나니 오히려 마음이 편안해졌다. 혹자는 이 일이 달리기와 무슨 상관이 있냐고 물을지 모르겠다. 그러나 러닝을 해 본 사람들이라면 달리는 일이 어떻게 우리의 마음을 보듬고 정리하고 치유하고 회복하는지 잘 이해하리라 믿는다. 정말 러닝에는 그런 힘이 내재되어 있다.

그리고 그날 나는 러닝을 통해, 스스로 한 번도 자각하지 못했지만 어쩌면 오래전부터 내 가슴속에 켜켜이 쌓여 있던 아버지를 향한 그리움과 원망을 모두 쏟아내고 털어낼 수 있었다고 생각한다. 너무 오랜 시간 동안 내 가슴속에 옹이로 자리 잡았던 슬픔과 상처를 러닝이 보듬고 녹아내어 비우고, 다시 그곳을 삶에 대한 따뜻한 시선과 자신감, 기쁨과 뿌듯함으로 채워 주는 고마운 존재. 그것이 바로 러닝이었다.

Chapter 2

달리기의 모든 것

1

달리는 삶의 네 친구, 나의 주방사우(走房四友)

옛 선비들이 글과 그림을 벗 삼아 살아가던 시절, 그들 곁에는 늘 문방사우(文房四友)가 있었다. 종이, 붓, 먹, 벼루, 이 네 가지 보물은 선비의 정신과 사상을 세상에 펼치는 데 없어서는 안 될 친구들이었다. '글을 쓰는 네 가지 보물'이라 하여 문방사보(文房四寶)라 부르기도 하고, 임금을 보필하는 제후에 비유해 문방사후(文房四侯)라 칭하기도 했다 하니, 그 중요성은 매우 컸다 하겠다.

나에게도 그런 친구들이 있다. 비록 먹을 갈고 붓을 놀리는 대신, 두 발로 세상을 달리며 삶의 의미를 찾아가는 나이지만, 내 달리기 여정에는 없어서는 안 될 네 가지 벗이 늘 함께한다. 나는 이들을 감히 주방사우(走房四友), 즉 '달리는 이들의 네 가지 친구'라 부르고 싶다. 이 주방사우는 그저 달리기를 돕는 도구가 아니다. 달리는 동안 내 몸이 직접 체득하며 깨달은 소중한 존재들이고, 달리기를 계속할 수 있는 강력한 동기를 부여하며, 나를 끊임없이 앞으로 나아가게 하는 삶의 나침반이자 동반자이다.

첫 번째 주방사우: 귀를 열어 주는 이어폰

현대 사회에서 이어폰은 더 이상 선택의 문제가 아니다. 스마트폰과 한 몸처럼 붙어 다니는 시대에, 이어폰은 우리 존재의 연장선이 된 지 오래다. 지하철 안을 가득 메운 사람들을 보라. 그들은 모두 휴대폰 화면 속으로, 혹은 이어폰이 들려주는 소리 속으로 깊이 침잠해 있다. 나 역시 매일 출퇴근길에 이어폰으로 음악을 들으며 세상과 잠시 단절되는 시간을 가진다. 덕분에 수백 가지 종류의 이어폰들이 쏟아져 나오고 있으며, 특히 아이폰 사용자들의 필수품인 에어팟은 완벽한 노이즈 캔슬링으로 외부 소음을 차단하고 오직 자신만의 몰입감을 선사하곤 한다.

달리는 동안 이어폰에서 흘러나오는 음악은 정말이지 신비로운 힘을 가지고 있다. 끝없이 이어지는 도로 위에서 찾아오는 무료함은 음악 한 곡에 마법처럼 사라진다. 때로는 가슴을 울리는 멜로디와 박자가 내 발걸음에 맞춰 심장을 뛰게 하고, 그 황홀경 속에서 '러너스 하이'가 찾아올 때면, 달리기의 고통은 온데간데없이 사라지고 기쁨으로 가득 찬 새로운 경험으로 다시 태어난다. 그 순간의 감동은 오직 달리는 자만이 누릴 수 있는 특권과 같다.

하지만 달리기를 즐기는 이들에게 한 가지 중요한 조언을 하고 싶다. 달릴 때 사용하는 이어폰은 반드시 주변 소리를 함께 들을 수 있는 제품을 선택해야 한다. 이것은 사소한 문제가 아니라 안전과 직결된 이야기이다. 주로를 달리다 보면 예기치 않게 지나가는 차량 소리나 뒤에서 다가오는 사람들의 인기척을 감지해야 할 순간들이 반드시 온다. 특히 뒤에서 빠르게 접근하는 차량 소리를 듣지 못하면 자칫 큰 사고로 이어질 수 있다. 내가 처음 에어팟을 사용했을 때, 몇 번이나 뒤따라오던 차량의 엔진 소리를 듣지 못해 소스라치게 놀랐던 경험이 있다. 그때마다 가슴을 쓸어내리며 '이러다 큰일 나겠다' 싶었다.

그래서 지금은 러너들 사이에서 유명한 골전도 이어폰 '쇽츠(SHOKZ)'를 사용한다. 이 이어폰은 고막 대신 뼈를 통해 소리를 전달하기 때문에 귀가 완전히 열려 있다. 덕분에 음악을 들으면서도 주변의 모든 소리를 생생하게 들을 수 있어 안전 문제는 물론이고, 달리는 동안 자연이 들려주는 소리에도 귀 기울일 수 있게 된다. 초여름 공원 호숫가에서 울려 퍼지는 개구리와 맹꽁이들의 요란한 합창, 뜨거운 여름날 작열하는 태양 아래서 지칠 줄 모르고 우는 매미 소리, 그리고 바닷가에서 끊임없이 해변으로 밀려드는 파도 소리를 들으며 달리노라면, 세상의 모든 근심 걱정이 자연의 위로에 파묻혀 사라지는 듯한 기분을 느낀다.

때로는 이어폰을 잠시 내려놓고 오직 나의 숨소리와 발자국 소리에만 집중하는 것이 유용할 때도 있다. 규칙적으로 '착착' 울리는 내 발자국 소리를 듣는 동안 마음이 그 소리를 따라 차분해지는 것을 느낄 때가 많다. 특히 머릿속이 복잡하고 온갖 생각들이 나를 괴롭히는 날에는, 그저 나의 거친 숨소리에만 온전히 집중한다. 그러면 신기하게도 나를 얽매이던 수많은 생각들이 하나둘씩 정리되고, 어느새 마음의 평화가 찾아오곤 한다. 이어폰은 단순히 음악을 듣는 도구를 넘어, 때로는 세상과 나를 연결하고, 때로는 나 자신에게 온전히 집중하게 돕는 달리기 필수 친구이다.

두 번째 주방사우: 나의 무릎이자 날개, 러닝화

러너에게 신발은 단순한 소모품이 아니다. 이것은 마치 우리의 무릎 그 자체와도 같다. 처음 달리기를 시작했을 때, 나는 이렇게 오랫동안 이 길을 걷고 뛰게 될 줄은 꿈에도 몰랐다. 그래서 거창한 장비 없이, 그냥 집에 있던 낡은 운동화 한 켤레를 신고 무작정 나섰다. 하지만 대여섯 번 정도 달리고 나니 직감적으로 알 수 있었다. '아, 내 인생은 이제 달리기를 하기 전과 후로 완전히 나뉘겠구나' 하는 것을 말이다.

그렇게 결심이 서자마자 아내에게 선포했다. "여보, 나 러닝화 사야겠어!" 그러고는 당장 함께 러닝화를 사러 나섰다. 그때의 설렘과 기대감은 아직도 생생하다. 처음 전문 러닝화를 신고 달렸을 때의 그 푹신함, 안락함, 그리고 발끝에서부터 전해지는 뿌듯함은 정말 잊을 수 없는 경험이었다. 마치 내 발에 날개를 달아 준 듯한 기분이었다.

하지만 아무리 좋은 러닝화라도 영원할 수는 없다. 나의 경험에 비추어 보면, 러닝화에도 제 수명이 있다. 아무리 고가의 러닝화를 사더라도 일정 거리를 달리고 나면 신발 밑창의 탄력이 서서히 떨어지기 시작한다. 지면 반발력이 사라지면서 발에 오는 충격이 커지고, 그 보상동작으로 무릎 주위 근육에 더 많은 힘이 가해지기 시작하는 것을 느낄 수 있다. 내가 좀 예민한 편이긴 하지만, 무릎 주위에 미묘한 통증이 느껴지기 시작하면 '아, 이제 이 신발은 수명을 다했구나' 하고 직감하게 된다. 그러니 러닝화는 대략 600~700km 정도 달리고 나면 과감하게 새것으로 바꿔 주는 것이 현명하다. 우리의 소중한 무릎을 위해서라면 이 정도 투자는 아끼지 말아야 한다.

대부분의 러너들은 적어도 서너 켤레의 신발을 가지고 있는 경우가 많다. 심지어 어떤 러너들은 현관 신발장에 한 번도 신어 보지 못한 따끈따끈한 신상 러닝화들이 즐비하다며 행복한 고민에 빠지기도 한다. 나 역시 적어도 두세 켤레 정도는 가지고 있는 것이 좋다고 생각한다.

비 오는 날 달리다가 신발이 젖었거나, 땀에 찌든 러닝화를 세탁해야 할 때를 대비해서 대체용 러닝화는 필수이다. 그리고 그날그날 기분이나 훈련 목적에 따라 다른 러닝화를 선택하는 것은 러너들에게 작은 기쁨이자 동기 부여가 되기도 한다. 때로는 쿠션감이 좋은 신발로 편안한 장거리 주를, 때로는 가볍고 반발력이 뛰어난 신발로 스피드 훈련을 하는 식으로 말이다. 러닝화는 단순한 신발이 아니라, 러너의 발을 보호하고 퍼포먼스를 향상시키는 가장 중요한 파트너이자, 우리의 달리기를 지탱하는 굳건한 주춧돌이다. 그리고 뒷굽이 닳아 낡아 가는 운동화는 우리에게 훈장이 된다.

세 번째 주방사우: 나의 페이스메이커, 워치

세 번째 주방사우는 바로 워치, 혹은 달리는 동안 나의 주로(주행 경로)와 심박수, 케이던스(분당 보폭)를 정밀하게 측정해 주는 디바이스이다. 이 작은 기기가 가져다주는 정보는 달리기를 훨씬 더 풍요롭고 행복하게 만들어 준다. 처음 달리기를 시작했을 때, 나는 그저 나의 심박수를 알고 싶다는 단순한 생각으로 샤오미 미밴드 같은 저렴한 기기를 사용했다. 러너에게 최적 심박수는 부상을 방지하고 효율적인 달리기를 위한 아주 중요한 체크 포인트이기 때문이다.

하지만 샤오미 미밴드를 한 달 남짓 사용해 보니, 심박 측정 기능이 부정확하거나 작동하지 않는 경우가 잦았다. 결국 더 정확하고 전문적인 기기의 필요성을 느끼고 큰마음을 먹고 하이엔드급 러닝 워치로 갈아탔다. 내가 선택한 모델은 '포러너 965'인데, 달리는 동안 실시간으로 나의 페이스와 심박, 누적거리, 달린 시간 등을 한눈에 확인할 수 있게 해준다.

물론, 달리는 시간이 쌓이고 경험이 풍부해질수록 굳이 워치나 디바이스의 도움 없이도 자신의 최적 심박수를 몸으로 느끼고 알 수 있게 된다. 심지어 정말 숙련된 고수들은 시계를 보지 않고도 자신의 페이스를 정확히 유지하는 경지에 이르기도 한다. 어떤 고수들은 1km마다 10초씩 페이스를 올리는 '빌드 업(build-up)' 훈련을 시계 없이도 해내곤 한다. 하지만 달리기를 이제 막 시작하는 사람들에게 워치나 전문 디바이스는 선택이 아니라 필수라고 감히 말하고 싶다.

왜냐하면 최적 심박수와 케이던스에 대한 세밀한 체크만이 부상으로부터 자신을 보호하고, 오랫동안 꾸준히 달리기를 이어갈 수 있는 비결이기 때문이다. 내 몸이 어떤 상태인지, 내가 지금 너무 무리하고 있지는 않은지, 혹은 더 속도를 낼 수 있는 여유가 있는지를 객관적인 수치로 보여주는 워치는 마치 나만의 전담 코치와 같다. 이 코치의 도움을 받아 내 몸의 신호를 읽고 이해하는 법을 배우는 것이다. 그렇게 꾸준히 데이터를 쌓아가다 보면, 나의 발전 과정을 시각적으로 확인하면서 성취감도 느끼고, 다음 목표를 설정하는 데도 큰 도움이 된다. 워치는 단순히 시간을 알려주는 도구를 넘어, 나의 달리기를 과학적으로 분석하고 발전시키는 소중한 동반자이자, 나 자신을 더 깊이 이해하게 돕는 통찰의 도구이다.

네 번째 주방사우: 땀과 추위를 막아 주는 머리띠

마지막 네 번째 주방사우는 바로 머리띠이다. 언뜻 보면 너무 사소하고 평범한 물건처럼 보일지 모른다. 하지만 달리기를 오래 하다 보면, 어느 순간부터 한 시간 이상씩 뛰는 것이 익숙해지는데, 그때부터 이마에서 쏟아지는 땀은 상상 이상이다. 달리는 동안 흐르는 땀은 이마를 타고 내려와 눈썹의 방해에도 불구하고 쉴 새 없이 눈동자 안으로 파고든다. 그러면 달리는 내내 손으로 땀을 훔쳐 내야 하고, 행여 눈 주위를 잘못 건드리면 눈이 쓰라려 달리기에 집중하기 어렵게 된다.

이런 작은 문제 하나가 달리기의 즐거움을 크게 방해할 수 있는데, 머리띠 하나만 둘러쓰면 이 모든 문제가 정말 간단하게 해결된다. 여름철에는 쉼 없이 쏟아져 내리는 땀을 효과적으로 흡수하고 막아 주어 땀이 눈으로 흘러들어 가는 것을 방지해 준다. 가을에는 시원하게 불어오는 바람 탓에, 젖은 머리띠가 쿨링 역할을 해주어 상쾌함을 더하고, 쌀쌀한 겨울에는 차가운 바람으로부터 이마를 따뜻하게 보호하는 보온 역할까지 해낸다.

물론, 기능적인 역할 외에도 멋진 디자인의 머리띠는 달리기 패션의 일부를 완성하기도 한다. 다양한 색상과 패턴의 머리띠를 선택하는 재미도 쏠쏠하고, 마치 헤어밴드처럼 스타일을 살려 주기도 한다. 이렇게 머리띠는 단순한 땀받이가 아니라, 사계절 내내 나의 달리기를 쾌적하고 즐겁게 만들어 주는 작지만 강한 친구이다.

주방사우를 넘어, 달리는 삶의 부속품들

주방사우 외에도, 달리기에 진심이 될수록 자연스럽게 필요해지는 소소한 용품들이 있다. 나의 경험상, 특히 겨울철에는 무릎 보호대를 착용하는 것이 정말 좋다. 추운 날씨에 달리기를 하다 보면 우리 몸에서 유일하게 무릎만 차가운 바람을 가르며 가장 먼저 앞으로 나아가게 되는데, 한 시간 정도 달리다 보면 무릎과 그 주위 근육이 냉증을 앓듯 시리고 아파 오는 경우가 생긴다. 이를 방지하는 차원에서라도 무릎 보호대는 꼭 착용하는 것을 추천한다.

또한, 달리는 동안 휴대폰을 손에 들고 뛰는 것이 성가신 사람들을 위해 휴대폰을 수납할 수 있는 다양한 도구들이 나와 있다. 휴대폰을 팔뚝에 차는 암밴드도 있고, 허리 벨트처럼 착용하는 파우치도 있다. 어떤 방식을 선택할지는 오롯이 본인의 취향과 편안함에 달려 있다. 나 같은 경우에는 처음엔 팔에 차고 뛰어 봤지만, 이두박근 주위의 감각이 그다지 편안하지 않아서 결국 지금은 그냥 손에 들고 뛰는 것이 가장 편하다.

달리기에 진심이 되면 될수록, 조금씩 더 많은 것이 사고 싶어지고, 또 자연스럽게 필요하게 되는 용품들이 늘어나게 될 것이다. 어떤 러너들은 눈을 보호하고 멋을 더하기 위해 고글을 사서 쓰고, 어떤 러너들은 양말까지 러닝화에 맞춰 '깔 맞춤' 하며 달리기의 즐거움을 더하기도 한다. 자신의 피부는 소중하다며 뜨거운 햇볕으로부터 팔을 보호하는 팔 토시를 착용하거나, 햇빛을 가리고 스타일을 살려주는 모자를 쓰는 사람들도 많다. 초가을이나 비 오는 날에는 몸을 보호해 주는 러닝용 바람막이가 필수품이기도 하다. 이 모든 것들이 우리의 달리기를 더욱 풍요롭고 안전하게 만들어 주는 소중한 부속품들이다.

  하지만 기억해야 한다. 이 모든 주방사우와 그 주변 용품들은 그저 우리의 달리기를 도울 뿐이라는 것을. 가장 중요한 것은 우리가 계속해서 달리는 일 그 자체이다. 건강하고 행복한 나날들을 보내기 위해, 이 땅의 삶이 다하는 그날까지 우리 인생은 멈추지 않고 달려야 한다. 주방사우는 그 위대한 여정을 함께하는 고마운 친구들이자, 나의 달리기를 더욱 가치 있게 만들어 주는 소중한 도구일 뿐이다. 모든 문방사우를 갖추었다면 지금 당장 밖으로 나가 달려 보자. 아름다운 세상과 대자연이 우리에게 마중 나올 것이다.

2

달리기, 몸과 마음의 과학적 변화

달리기를 시작하면 처음엔 발끝과 종아리가, 곧이어 숨이 먼저 반응한다. 하지만 진짜 변화는 눈에 보이지 않는 뇌에서 시작된다. 러닝을 하면 우리 뇌는 마치 축제라도 열린 듯 활기를 띠기 시작한다. 각종 호르몬이 분비되고, 신경전달물질들이 마치 춤을 추듯 퍼져 나간다.

언제부터인가 러닝을 생각하는 것만으로도 기분이 좋아지기도 하고 러닝복을 입고 거리로 나와 몸을 풀기 시작하면 마음은 먼저 저만치 주로를 향해 달려 나가고 있었다. 흔히 골퍼들은 하늘이 드높고 파란 가을날에는 '이런 날 골프를 치면 얼마나 좋을까'라며 헛헛한 웃음을 짓지만 어느 순간부터인가 날씨가 화창한 날에는 '이런 날 한강 강변을 달리면 얼마나 기분이 좋을까'라는 생각을 하는 자신을 발견하게 된다. 도대체 러닝에는 어떤 효과들이 있을까. 우리 몸에는 어떤 변화들이 생겨날까. 나는 이 변화들이 어떻게 나의 기분을 좋게 만들고, 스트레스를 씻어 내며, 때로는 눈물 나게 평온한 상태로 이끄는지 알고 싶었다. 그리고 그 답은, 생각보다 뚜렷하고 과학적이었다.

러너스 하이: 뇌가 선사하는 합법적인 '기쁨의 약국'

달리기를 꾸준히 하다 보면 가끔 이상할 정도로 기분이 좋아지는 구간이 있다. 분명히 처음 어느 구간에서는 몸이 말할 수 없이 힘든데, 어느 구간을 지나는 순간부터 두 다리는 가벼워지고 마음은 홀가분하며, 볼 가를 스치는 선선한 가을바람과 나들이를 나선 연인들의 사랑스러운 몸짓에 웃음이 나기도 한다. 이런 날씨에 이런 기분이라면 얼마든지 먼 거리를 오랫동안 뛸 수 있을 것만 같은 착각이 들 지경이다. 뛰는 동안 음악을 들으면 감동이 배가 되고 감동은 폭발하는 웃음소리로 터져 나오기도 한다. 이 현상을 혹자들이 말하는 '러너스 하이(Runner's High)'라고 부를 수 있을 것이다. 예전에는 이 현상이 '엔도르핀'이라는 호르몬 때문이라고 알려졌지만, 최근 연구는 또 다른 물질인 '내인성 칸나비노이드(endocannabinoids)'가 더 중요한 역할을 한다고 알렸다.

이 물질은 러닝을 하는 동안 우리 몸 안에서 생성되는데, 기분을 좋게 하고 불안감을 줄이며 통증을 줄여 주는 역할을 한다고 한다. 이 기능은 흡사 대마초 성분과 유사하다. 우리는 달리기를 통해 대마초의 진통 효과, 마약 효과를 '합법적으로' 경험하게 되는 것이다. 한편, β(베타)-엔도르핀이라는 호르몬도 함께 분비되며 고통을 줄이고 도취감을 유도한다고 한다. 이 두 물질이 함께 작동하면 뇌 안에서는 마치 작은 불꽃놀이처럼 기분 좋은 신호들이 여기저기서 반짝이기 시작한다.

즉, 우리는 달리기를 통해 뇌 안에 자연적인 '기쁨의 약국'을 여는 셈이다. 이건 외부에서 주입되는 인위적인 약물이 아닌, 우리 몸이 가진 고유한 능력이다. 그리고 그 열쇠는 단순히 발을 앞으로 내딛는 데 있다.

달리기 후의 평온함: 뇌의 '감정 조율 장치'

달리기를 마친 뒤 개운한 느낌을 경험해 본 적 있는가? 그건 단순히 땀을 흘렸기 때문이 아니다. 이때 뇌에서는 '도파민'과 '세로토닌'이라는 물질이 활발히 분비되기 때문이라고 한다. 도파민은 우리가 무언가에 집중하거나 목표를 향해 나아갈 때 동기를 부여해 주는 물질로서 달성했을 때의 쾌감, 성취감과 밀접한 관련이 있다. 그래서 운동을 한 뒤에는 왠지 다시 뭔가를 할 수 있을 것 같은 자신감과 에너지가 생긴다.

세로토닌은 감정 조절에 관여하는 물질로, 불안이나 우울 같은 감정을 진정시키는 데 효과적인 것으로 알려져 있다. 러닝을 하면 이 두 물질이 함께 상승하면서 우리의 기분은 보다 안정되고, 마음은 평화로워진다. 단 20분 정도의 가벼운 조깅만으로도 이 효과를 충분히 경험할 수 있다고 한다.

즉, 달리기는 단순한 체력 단련이 아니라 우리 뇌의 '감정 조율 장치'를 조절해 주는 역할을 한다. 기분이 가라앉았을 때 몸을 일으켜 밖으로 나가 몇 발자국만 뛰어도 뇌는 금방 반응한다고 한다. 하루 일과를 마치고 괜스레 울적한 날조차도 알프스 산맥보다 더 높은 현관령(이 고개는 러너들 사이에서는 험악(?)하기로 악명 높다)을 일단 넘어가기만 하면 우리의 감정은 재조율되고 재탄생되는 것이다.

뇌를 '다시 디자인'하다: BDNF의 놀라운 비밀

운동이 몸에 좋다는 건 누구나 안다. 그런데 달리기가 뇌를 새롭게 쓰는 작업이라는 건 잘 알려지지 않았다. 'BDNF(Brain-Derived Neurotrophic Factor)'라는 신경영양인자는 우리가 운동할 때, 특히 유산소 운동을 할 때 급격히 증가하는 물질이라고 한다. 이 물질은 뇌세포가 더 잘 자라도록 돕고, 기존 세포들이 더 오래 살아남게 하며, 끊임없이 새로운 연결을 만든다고 한다.

쉽게 말하면, BDNF는 뇌 속에서 '신경세포의 비료' 같은 역할을 하는 셈이다. 학습 능력을 키워 주고, 기억력을 향상시키며, 인지 기능을 개선하는 데 핵심적인 물질이다. 특히 해마와 전두엽 같은 부위는 이 물질의 영향을 많이 받는데, 이 두 부위는 기억력과 판단력, 감정 조절 등을 담당하는 것으로 알려져 있다.

장기적으로 꾸준히 달리는 사람들의 뇌는 해마와 전두엽에서 구조적인 변화, 즉 실제로 뇌의 크기와 회백질의 밀도가 증가하는 것이 여러 연구를 통해 확인되었다고 한다. 말 그대로 우리는 달리기를 통해 '뇌를 다시 디자인'하고 있는 것이다. 몸은 물론이고 뇌도 운동으로 단련될 수 있다는 사실은 매우 놀랍다.

스트레스 내성 키우기: 코르티솔의 반전

러닝을 시작하면 처음에는 스트레스 호르몬인 '코르티솔'이 올라간다고 한다. 달리는 이치를 생각해 보면 이는 너무나 당연한 말이다. 가만히 앉아 아무것도 하지 않는 것보다 뛴다는 행위는 전체적으로 우리 몸에게 고통을 안겨 주는 행위이기 때문이다. 이 말만 들으면 '달리기는 오히려 우리 몸에 인위적인 스트레스를 주는 것 아닌가?'라는 생각이 들 수도 있다.

하지만 여기엔 중요한 반전이 있다. 달리기를 꾸준히 하면 몸은 이 코르티솔에 점점 익숙해지고, 일상적인 스트레스 상황에서도 코르티솔의 반응이 줄어든다. 한마디로 스트레스 상황에 대한 내성이 생기는 것이다.

나는 실제로 달리기를 통해 나 스스로가 스트레스 상황에 대한 내성이 조금씩 조금씩 증가하고 있음을 일상생활 속에서 체험할 수 있었다. 여기서 스트레스라 함은 부정적인 상황에서 부정적인 감정으로 인해 발생하는 것뿐 아니라 긍정적인 상황에서도 우리 몸이 우리의 의지와 상관없이 긴장하게 되는 경우에도 해당이 된다.

예를 들어 온 가족이 여름휴가를 가는 매우 긍정적인 상황에서도 멀리 운전을 하고 가야 한다는 사실은 우리에게 분명 스트레스로 다가올 수 있다. 또한 이런저런 온라인 게임을 하는 동안에도 우리 몸은 그 상황을 약간의 스트레스 상황으로 인식할 수도 있다. 게임이 마음대로 풀리지 않을 경우, 게임이라는 것 자체가 유쾌하고 즐거운 놀이이지만 그 가운데에 분명히 스트레스 요인도 작용한다. 퇴근 후 40분 이상을 달리고 난 후 샤워하고 게임을 하면 설사 게임이 마음먹은 대로 잘 풀리지 않더라도 내가 주관적으로 느끼는 스트레스의 강도는 훨씬 덜하다는 것을 경험적으로 알고 있다.

 즉, 달리기를 자주 하면 실제로 받는 스트레스 상황에서도 훨씬 더 평정심을 유지할 수 있게 된다. 심장이 두근거릴 일에도 차분하게 대응할 수 있는 것이다. 연구에 따르면 규칙적인 운동을 한 사람들은 그렇지 않은 사람들에 비해 코르티솔 수치의 기본값이 더 낮았고, 회복 속도도 훨씬 빨랐다고 한다.

 우리는 달리기를 통해 단순히 땀만 흘리는 것이 아니다. 우리는 그 순간, 우리 몸이 스트레스를 견디는 방식 자체를 재구성하고 있는 것이다. 이는 명상과도 유사한 효과이며, 몸과 마음이 동시에 강화되는 놀라운 경험이다.

3

함께 달리기가 더 쉬운 이유:
심리학, 생물학, 신경학적 탐구

 러닝을 시작하고 인터넷 러닝 동호회에 가입했다. 이런저런 정보들을 찾으면서 오프라인 정기모임에도 나갔다. 그들은 같이 달리는 일을 '함런'이라고 불렀다. 함께 달린다는 뜻이겠지. 한두 번의 경험만으로도 혼자 달리는 것보다는 함께 달리는 것이 훨씬 더 기분이 좋고, 쉽고, 또 오래 달릴 수 있다는 것을 알 수 있었다.
 혼자 묵묵히 달리는 것보다 동료와 함께 발을 맞출 때, 우리는 종종 더 멀리, 더 오래, 그리고 놀랍게도 심적으로 덜 힘들게 뛸 수 있다. 이는 단순한 기분 탓이 아니다. 심리학적, 생물학적, 그리고 신경학적 메커니즘이 복합적으로 작용한 결과다.

심리학적 요인: 보이지 않는 힘의 원천

 함께 달리기가 더 수월하게 느껴지는 가장 직관적인 이유는 심리학적 측면에서 찾을 수 있다. 타인의 존재는 우리에게 동기를 부여하고,

경쟁심을 자극하며, 심리적 안정감을 제공한다.

　가장 대표적인 이론은 사회적 촉진(Social Facilitation) 현상이다. 1898년 심리학자 노먼 트리플렛(Norman Triplett)은 사이클 선수들이 혼자 달릴 때보다 다른 선수들과 함께 경주할 때 더 빠른 속도를 낸다는 사실을 발견했다. 러닝과 같이 단순하고 숙달된 과제에서는 타인의 존재가 개인의 각성 수준을 높여 더 나은 결과를 이끌어 낸다는 것이다. 우리 남자들에게는 군대에서 구보와 행군의 경험이 있다. 혼자라면 절대 할 수 없는 거리를 함께하는 소대원들이 있기에 걸을 수 있고 뛸 수 있다.

　또한, 함께 뛰는 것은 책임감과 꾸준함을 불어넣는다. 혼자라면 쉽게 포기할 수 있는 힘든 순간에도, '지금 이 힘든 러닝을 함께 하는 사람들이 있다'는 생각은 우리를 위로하고 다시 달리게 하는 강력한 동기가 된다. 실제로 함런을 해보면 살짝 힘들고 지치는 구간이 오더라도 내 앞과 옆에서 누군가가 같이 달리고 있다는 사실만으로도 위로가 되고 심지어 그들의 거친 숨소리와 착착거리는 그들의 발자국 소리와 흔들거리는 크루들의 어깨, 씰룩거리는 허벅지가 내 심장에 강하게 전달되는 느낌이다.

　이렇듯 러닝 그룹의 동료로부터 받는 무언의 격려와 인정은 힘든 훈련 과정에서 겪는 스트레스를 줄여 주고, 소속감과 유대감을 통해 심리적 안정감을 높여 준다. 이는 스나이더(Snyder) 등이 제안한 희망이론(Hope Theory)과도 연결되는데, 공동의 목표를 가진 집단은 개인이 목표 달성을 위한 경로(Pathways)와 동력(Agency)을 유지하도록 도와 결과적으로 더 높은 개인적 성취를 이끌어 낸다.

생물학적 요인: 신체가 만들어 내는 최적의 파트너십

함께 달릴 때 우리 몸에서는 혼자 달릴 때와는 다른 생물학적 변화가 일어난다. 이러한 변화는 고통을 덜 느끼게 하고, 에너지 효율을 높이며, 긍정적인 감정을 유발한다.

가장 주목할 만한 것은 엔도르핀(Endorphin) 분비의 증가다. '러너스 하이(Runner's High)'로 알려진 행복감과 진통 효과는 뇌에서 분비되는 엔도르핀과 같은 내인성 오피오이드(Endogenous Opioids) 덕분이다. 옥스퍼드 대학의 한 연구에 따르면, 조정 선수들이 혼자 훈련할 때보다 팀을 이루어 함께 훈련할 때 통증 역치가 더 높아지는, 즉 엔도르핀 분비가 더 활발해지는 것으로 나타났다. 이는 집단 활동, 특히 신체적으로 힘든 활동을 함께할 때 사회적 유대감을 강화하고 고통을 완화하기 위한 진화적 적응의 결과로 해석될 수 있다.

사회적 유대감과 관련된 또 다른 중요한 호르몬은 옥시토신(Oxytocin)이다. '사랑의 호르몬' 또는 '신뢰 호르몬'으로 불리는 옥시토신은 긍정적인 사회적 상호작용 시 분비가 촉진된다. 함께 달리며 서로를 격려하고 유대감을 형성하는 과정에서 옥시토신 수치가 높아질 수 있으며, 이는 스트레스 감소와 불안 완화에 기여하여 달리는 과정을 더욱 즐겁게 만든다.

물리적인 측면에서는 공기역학적 이점, 즉 드래프팅(Drafting) 효과를 무시할 수 없다. 특히 바람이 부는 날, 다른 주자의 뒤에서 달리면

공기 저항을 크게 줄일 수 있다. 이는 사이클링에서 '펠로톤(Peloton)'을 형성하는 것과 같은 원리다. 공기 저항을 이겨 내는 데 드는 에너지를 절약할 수 있으므로, 같은 힘으로 더 빠르거나 더 멀리 달리는 것이 가능해진다.

함께 달리는 경험은 우리의 뇌 신경회로에도 깊은 영향을 미친다. 뇌는 타인과의 상호작용을 통해 동기화되고, 이는 긍정적인 감정과 행동으로 이어진다. 최근 신경과학 연구에서 주목받는 거울 뉴런(Mirror Neuron) 시스템은 우리가 타인의 행동을 관찰하는 것만으로도 마치 자신이 그 행동을 하는 것처럼 뇌의 관련 영역이 활성화되는 현상을 설명한다. 함께 달릴 때, 우리는 동료의 움직임과 리듬을 무의식적으로 모방하게 되는데, 이 과정에서 거울 뉴런이 활성화되어 움직임의 동기화(Synchronization)를 촉진한다. 이러한 움직임의 동기화는 집단 구성원 간의 유대감을 강화하고 협력적인 행동을 유도하는 것으로 알려져 있다.

    신체 활동과 사회적 연결의 관계를 탐구한 스탠포드 대학의 심리학자 켈리 맥고니걸(Kelly McGonigal)은 그녀의 저서 《움직임의 힘(The Joy of Movement)》에서, 인류가 진화적으로 집단적인 움직임을 통해 사회적 유대를 형성하고 생존해 왔다고 주장한다. 함께 춤을 추고, 노래하고, 달리는 행위는 뇌의 보상 시스템을 자극하여 즐거움을 느끼게 하고, 이는 다시 그 활동에 참여하려는 동기를 강화하는 선순환을 만든다는 것이다. 즉, 우리의 뇌는 타인과 함께 움직일 때 강한 소속감을 느끼도록 설계되었다는 의미다.

우리는 함께 달릴 때 더 강해진다

 결론적으로, 혼자 달리는 것보다 함께 달리는 것이 덜 힘들고 더 나은 성과를 내는 이유는 단순한 의지의 문제를 넘어선다. 심리학적으로는 사회적 촉진, 책임감, 지지가 우리의 정신력을 강화하고, 생물학적으로는 엔도르핀과 옥시토신 분비가 고통을 줄이고 즐거움을 더하며, 공기 저항 감소는 물리적인 효율성을 높인다. 신경학적으로는 거울 뉴런과 뇌의 보상 시스템이 타인과의 움직임을 동기화하고 사회적 유대감을 통해 긍정적인 경험을 만들어 낸다.

 이 모든 요소들이 어우러져 시너지를 발휘할 때, 우리는 신체적, 정신적 한계를 뛰어넘는 놀라운 경험을 하게 된다. 따라서 당신이 달리기의 즐거움을 온전히 느끼고 싶거나, 혹은 넘기 힘든 벽에 부딪혔다면, 혼자만의 고독한 싸움을 멈추고 손을 내밀어 보라. 당신과 함께 발을 맞춰 줄 동료가 있다면, 그 길은 분명 더 가볍고 멀리 뻗어 나갈 것이다.

4

런린이가 조심해야 할 것들

 이제 갓 달리기를 시작한 '런린이'들에게 러닝 경력 1년 반의 또 다른 '런린이'가 꼭 당부하고 싶은 것들이 있다. 이 원칙들은 부상을 방지하고 미래에 건강하고 행복한 달리기 인생을 살아가기를 바라는 모든 러너들이 마음속에 새겨 두면 좋을 가르침이다.

첫째, 욕심의 덫을 경계하라: 거리가 아닌 내면의 깊이

 달리는 일이 조금씩 익숙해지기 시작할 무렵, 우리는 더 많은 정보와 환경에 노출되며 지식과 경험을 쌓아 간다. 어느새 나보다 더 오래, 더 잘 뛰는 이들이 눈에 들어오고, 처음에는 소박했던 자신의 기록을 한껏 끌어올리고 싶은 욕구가 샘솟기 마련이다. 5km를 달리고 나면 10km를 꿈꾸고, 10km를 완주하고 나면 하프, 나아가 풀코스까지 완주해야만 비로소 '진정한 러너'가 된다는 생각이 고개를 들 수도 있다.

 러너의 욕심은 단순히 거리에만 머물지 않는다. 같은 10km를 달리더라도 '한 시간 안에 들어올 수 있는가 없는가'로 자신의 러닝 품격을 재단하려 드는 우(遇)를 범하기도 한다. 심지어 어떤 이들은 달리기라는 행위 하나를 두고 '조깅'과 '러닝'이라는 두 단어로 구분하고 가치를 매기려 한다. 조깅은 그저 '슬로우 조깅'이라는 표현처럼 동네 아저씨, 아주머니, 혹은 나이 든 분들이 마실 삼아 천천히 뛰는 행위로 규정하고, 러닝은 조깅과는 차원이 다른, 마치 마라톤에 더 가까운 '제대로 된 운동'으로 가치 있는 그 무엇이라고 여기는 것이다. 그리하여 많은 이들이 조깅에서 러닝으로, 러닝에서 마라톤으로 질주하고 싶어 한다.

그러나 욕심은 달리기의 가장 큰 독(毒)이 될 수 있다. 러닝에 대한 지나친 욕심이 해로운 이유는, 결국 그 끝이 치명적인 부상으로 이어져 행복한 달리기를 더 이상 할 수 없는 지경에 이를 위험이 크기 때문이다. 실제로 많은 러너들이 자신의 기록에 지나치게 집착하는 모습을 보이곤 한다. 나 역시 예외는 아니었다. 조금이라도 더 먼 거리를 뛰고 싶었고, 조금이라도 더 빨리 뛰고 싶었다. 특히 '빌드 업'이라는 허영심의 괴물을 알게 된 후에는 더욱 그랬다.

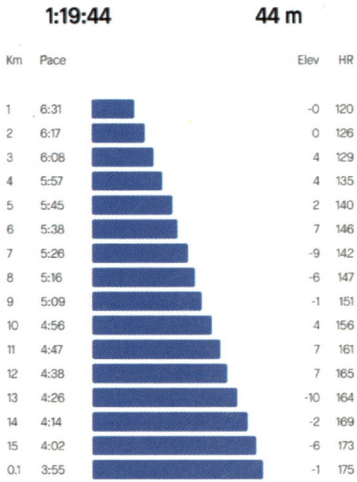

(소위 빌드 업의 장인이 그린 페이스 그래프이다. 그 모양이 마치 탑을 쌓은 듯하여 일명 '탑 쌓기'라고도 부르는데 15km가 넘는 거리를 뛰는 동안 꾸준히 페이스를 올리는 일은 결코 쉬운 일이 아니다.)

빌드 업(build-up)이란 10~20km를 달리는 이들이 초반에는 천천히 달리다가 꾸준히 페이스를 올려 결국 마지막 구간에서는 가장 빠르게 질주하는 것을 말한다. 각종 달리기 앱에서 보여주는 이러한 빌드 업 그래프들은 수많은 러너들을 부상의 위험으로 유혹하곤 한다.

처음 달리기를 시작했을 때 전 국가대표 선수 출신 동료가 내게 건넨 충고가 있다.

"사십 대를 넘어선 우리의 몸은 날마다 늙어 간다. 그러니 매일, 매주 5km를 꾸준히 뛰기만 해도, 현상 유지만 하더라도 되레 자신의 기록을 날마다 갱신하고 있는 것과 마찬가지이니 절대 욕심을 내거나

무리하지 마라."

 일 년여를 뛰어 보니 그 말이 전혀 틀린 말이 아니었음을 깨닫는다. 생각보다 많은 러너들이 기록의 굴레에서 벗어나지 못하고 결국 욕심에 사로잡혀 부상으로 고통받는 경우를 자주 보았다. 그러니 절대 욕심을 부릴 일이 아니다. 그저 러닝의 태생적인 목적을 잘 기억하기만 하면 된다. 달림으로써 삶이 더 행복해지고 넉넉해지고, 또 오늘 하루 내 몸이 건강해지면 그것으로 충분히 만족할 일인 것이다.

둘째, 몸의 소리에 귀 기울여라: 고통은 멈춤의 신호

 두 번째는 반드시 자신의 몸을 세심히 살펴야 한다는 것이다. 특히 달리는 동안 온몸에서 들려오는 여러 가지 소리와 반응에 귀를 기울여야 한다. 그렇지 않으면 이 또한 부상으로 쉽게 연결된다. 우리 몸이 겉으로는 강한 듯 보이지만, 동시에 한없이 약한 존재이기에 한번 부상으로 특정 부위가 상처를 입으면, 그 부위가 이후에도 계속해서 우리를 괴롭히는 경우가 많다. 마치 한 번 접질린 발목이 제대로 나아도 두 번 세 번 더 쉽게 접질리게 되는 것과 비슷하다.

 달리는 시간이 20분을 넘어가면 우리 몸에서는 온몸에 퍼져 가는 고통을 상쇄하고자 진통제 역할을 하는 엔도르핀과 내인성 칸나비노이드 호르몬이 분비된다. 이 엔도르핀 호르몬은 의학적으로 모르핀이라는 인공 물질보다 진통 효과가 10배나 강하다고 알려져 있다. 그러니 달리는 동안 고관절이든 발목이든 무릎이든, 우리 몸의 그 어떤 부위에서라도 통증이 느껴진다면, 그것은 즉시 러닝을 멈춰야 할 중차

대한 신호이다.

　나 역시 지금도 오른쪽 고관절이 약간씩은 마뜩잖다. 벌써 수개월도 더 된 일이다. 어느 날 30분 이상 달리고 있는 와중에 오른쪽 고관절이 아파 왔다. 아무런 이유도 없었다. 다만 그날따라 달리기 전 충분한 스트레칭과 워밍업을 하지 않고 달린 것이 원인이라면 원인일 것이다. 30분 이상 구간이면 서서히 몸이 풀리고 달리기도 쾌적해야 함에도 불구하고 통증이라니…. 나는 내 몸의 아우성에 귀 기울이지 않고 오른손으로 주먹을 쥐고 고관절 앞 통증 부위를 툭툭 치며 무리하게 러닝을 이어갔다. 그렇게 5분여를 달렸을까. 다행히 고관절 통증이 사라졌다. 다행이라고 여겼다. 하지만 다음 날 아침 일어났을 때부터 나는 무언가가 단단히 잘못되었다는 것을 직감했다. 고관절에 무리가 제대로 간 것이다. 그날 이후 서너 번은 정형외과를 들락거려야 했고 진통제, 소염제를 처방받아 먹으며 일주일 동안 달리는 일을 멈춘 적이 있다. 그 일이 이미 수개월 전 일이지만 고관절은 지금도 내게 아픈 손가락이다. 잊을 만하면 살짝살짝 신경을 거슬리게 한다. 이러다 다시 달리지 못하면 어떡하나, 그래서 다시 불안이 재발하면 어떡하나 하는 예기불안이 생기기도 한다.

　반드시 자신의 몸을 잘 살펴야 한다. 그것이 발목 상태일 수도 있고, 족저근막염일 수도 있고, 처음 러닝을 시작하는 사람이라면 무릎 주위 통증일 수도 있으며, 사람에 따라서는 어깨나 등 근육, 허리 통증일 수도 있다. 코어 힘이 약한 사람은 허리 통증으로 몸이 신호를 보내는 경우도 많다. 그럴 때는 반드시 자신의 몸의 반응과 소리에 귀를 기울이고 적절한 휴식을 취하며, 자신의 몸이 약한 곳을 강화할 수 있는 운동들을 병행하는 것이 좋다. 왜냐하면 우리는 계속 달려야 하기 때문이다.

5

러너가 기억하면 좋은 숫자들

달리는 기쁨을 알게 된 러너가 달리는 삶을 계속하기 위해 꼭 기억하면 좋을 숫자들이 있다. 이 숫자들은 내가 러닝을 하면서 몸으로 체득한 것들인데 지속적인 러닝을 하기 위한 필수요소들이니 기억하면 좋다.

심박수: 러닝의 모든 것

달릴 때 제일 중요한 것은 심박수이다. 심박수는 우리가 달리는 이유 그 자체이다. 우리가 달리기를 시작하면 우리의 신체는 많은 산소를 더 필요로 하게 된다. 몸을 움직이는 에너지를 얻는 과정에 반드시 산소가 필요하고, 그 산소는 많은 혈액을 통해 온몸으로 공급된다. 그 혈액을 보내주는 과정이 심장을 통해 이루어지게 되는데, 심장이 박동하는 정도를 나타내는 지표가 다름 아닌 심박수이다.

나는 감히 심박수가 러닝의 시작이자 끝이라고 믿고 있다. 러닝을 할 때는 최적 심박수를 유지하며 뛰는 것이 중요하다. 자신의 최적 심박수를 찾는 공식은 의외로 간단다.

'본인의 최적 심박수 = [220 - 본인의 나이 - 본인의 평온한 심박수/분당] * (60~70%) + 본인의 평온한 심박수/분당'

이를 바탕으로 지금 나의 최적 심박수를 구해보면 다음과 같다.

나의 최적 심박수 범위
최소 심박 수치 = [220 - 49 - 61] * 60% + 61 = 127
최대 심박 수치 = [220 - 49 - 61] * 70% + 61 = 138

나의 최적 심박수는 최소 127에서 최대 138 정도가 된다고 볼 수 있다. 물론 자신의 러닝 마일리지가 쌓여 갈수록 미세하게나마 최소/최대 심박 구간은 변화하게 되어 있다. 왜냐하면 평온할 때의 심박수가 조금씩 달라지기 때문이다. 포러너 965는 실시간으로 그런 나의 심박 데이터를 반영하여 최적 심박수를 구해주고, 달리는 동안 내가 어떤 구간에 있는지도 친절하게 알려준다. 그래서 러너에게는 워치가 훌륭한 코치이자 동반자가 될 수 있다.

최적 심박수: 러닝이 내게 선사하는 지혜로운 속삭임

달리기는 그저 발을 내딛고 앞으로 나아가는 행위 같지만, 그 속엔 우리 몸과 마음의 복잡한 대화가 숨어 있다. 나는 1년 반의 러닝 경험을 통해 이 대화의 가장 중요한 통역사가 바로 '최적 심박수'라는 것을 깨달았다. 처음에는 그저 무작정 뛰기만 했지, 심박수 같은 과학적인 숫자에 관심 둘 겨를이 없었다. 하지만 어느 순간부터 달리기가 내게 단순한 운동을 넘어, 더 깊은 평온과 효율적인 건강 관리의 비결을 알려준다는 것을 알게 되었다. 그 중심에 최적 심박수가 있었다.

몸의 속삭임을 듣는 법: 최적 심박수의 발견

러닝을 할 때 심박수는 우리 몸이 보내는 가장 솔직한 신호다. 빨리 뛰면 심장이 격렬하게 울리고, 천천히 뛰면 고요하게 숨 쉬는 것이 당연하다. 하지만 중요한 건, 이 심박수에 '최적의 구간'이 존재한다는 사실이다. 이 최적의 구간은 단순히 힘든 정도를 넘어, 우리 몸이 가장 효율적으로 에너지를 사용하고, 건강에 가장 큰 이득을 얻을 수 있는 마법 같은 지점이다.

처음에는 무작정 빨리 뛰는 것이 운동을 잘하는 것이라 생각했다. 숨이 턱까지 차오르고, 심장이 귓가에서 폭발할 듯 뛰어야만 제대로 운동했다는 착각에 사로잡혀 있었다. 하지만 이는 마치 물이 끓어 넘치는데도 계속 불을 지피는 격이었다. 효율은 떨어지고 몸만 상하는 길이었다. 최적 심박수를 알게 된 후, 나는 비로소 몸의 속삭임을 들을 수 있게 되었다. 너무 빠르지도, 너무 느리지도 않은 그 리듬 속에서 나는 달리기와 진정으로 하나가 되는 경험을 했다.

최적 심박수가 주는 선물: 효율과 평온의 조화

최적 심박수에 맞춰 달리는 것은 우리 몸에 여러 선물을 안겨준다.

첫째, 최적의 지방 연소를 돕는다. 흔히 살을 빼려면 죽을힘을 다해 뛰어야 한다고 생각하지만, 오히려 몸이 지방을 에너지원으로 가장 효과적으로 사용하는 심박수 구간이 따로 있다. 이 구간에서는 탄수화물보다 지방을 더 많이 태워 체지방 감소에 훨씬 유리하다. 힘들지 않게 뛰면서도 몸의 불필요한 군살이 사라지는 경험은 놀랍다. 마치 몸이 스스로 똑똑하게 에너지를 관리하는 법을 배운 것과 같다.

둘째, 심폐지구력을 향상시킨다. 최적 심박수 구간은 심장과 폐가 가장 효율적으로 훈련되는 지점이다. 꾸준히 이 구간에서 달리다 보면 심장은 더 적은 박동으로도 온몸에 충분한 혈액을 공급하게 되고, 폐는 더 깊고 효율적인 호흡을 하게 된다. 계단을 오를 때 숨이 덜 차고, 일상생활에서 쉽게 피로해지지 않는 변화는 달리기라는 나의 선택이 가져다준 가장 큰 선물 중 하나다. 실제 1년 반 동안 달리기를 하고 나서 아내에게서 곧잘 듣는 말 중 하나가 바로 "당신 안 피곤해?"이다. 먼 거리 출장을 다녀와서, 장시간 운전을 하고 나서도 러닝을 하겠다고 운동화 끈을 동여매고 머리띠를 눌러쓰는 내게 아내가 걱정 반 기쁨 반으로 건네는 인사말이다.

셋째, 스트레스 관리에 탁월하다. 최적 심박수 구간에서의 달리기는 뇌에서 세로토닌, 도파민과 같은 행복 호르몬의 분비를 촉진한다. 이는 단순히 '러너스 하이'를 넘어, 장기적으로 스트레스에 대한 내성을 길러 주고 불안감을 낮추는 데 기여한다. 나는 최적 심박수에 맞춰 규칙적으로 달리는 동안, 일상에서 겪는 크고 작은 스트레스에도 훨씬 차분하게 대응할 수 있게 되었음을 체감한다. 심장이 과도하게 두근거릴 일에도 마음의 평정심을 유지하는 힘을 얻은 것이다. 달리기가 단순한 육체적 활동을 넘어 내면의 평온을 찾아주는 명상이 되는 순간이었다. 실제 스트레스에 대한 관리 능력, 내성이 커져 가는지를 가끔 체크해 보기도 한다. 내가 애용하는 포러너 965 시계에는 실시간 스트레스를 체크하는 '스트레스 지수'가 있는데 러닝을 일 년 넘게 하고 난 이후부터는 항상 평온한 파란색이다.

러닝, 삶의 균형을 찾아주는 지혜로운 안내자

최적 심박수를 지키는 달리기는 결국 지속 가능한 러닝의 핵심이다. 무리한 운동은 부상으로 이어져 달리기를 멈추게 만들고, 이는 곧 건강과 삶의 균형을 잃는 결과로 이어진다. 하지만 몸의 소리에 귀 기울여 최적의 리듬을 찾아 달리는 것은 지치지 않고 꾸준히 러닝을 이어 갈 수 있는 원동력이 된다.

최적 심박수는 단순히 숫자가 아니다. 그것은 내 몸이 보내는 가장 진실한 메시지이자, 내 삶의 리듬을 찾아주는 지혜로운 안내자다. 이 작은 숫자에 귀 기울이는 법을 배우면서, 나는 달리기가 단순히 건강을 넘어 삶의 균형과 내면의 평온을 가져다주는 위대한 여정임을 깨닫는다. 당신의 러닝도 이제 심장이 속삭이는 최적의 리듬을 찾아 떠나는 여행이 되기를 바란다.

두 번째 숫자 케이던스: 내 몸의 리듬을 찾아서

달리기는 단지 앞으로 나아가는 행위가 아니다. 그 안에는 우리 몸의 리듬을 찾아가는 섬세한 과정이 숨어 있다. 나는 최적 심박수를 통해 달리기와 몸의 대화를 시작했지만, 러닝의 깊이를 더하면서 또 하나의 중요한 숫자, 바로 '케이던스'를 마주하게 됐다. 이 숫자는 단순히 발걸음 수를 넘어, 부상을 방지하고 효율적인 달리기를 가능하게 하는 내 몸의 숨겨진 리듬이었다. 특히 무릎 부상으로 고통받는 많은 러너들에게 케이던스는 단순한 이론이 아닌, 달리기를 지속할 수 있는 마법 같은 열쇠가 된다.

발소리가 들려주는 지혜: 최적 케이던스의 비밀

케이던스는 '1분당 발걸음 수'를 의미한다. 쉽게 말해, 1분 동안 내 발이 땅에 닿는 횟수를 세는 것이다. 처음에는 그저 빨리 뛰거나 느리게 뛰는 것에만 집중했지, 내 발이 얼마나 자주 땅을 밟는지에는 무심했다. 하지만 이 작은 숫자가 러닝의 질을 완전히 바꿀 수 있다는 사실을 알게 됐다.

많은 러닝 전문가들은 '1분당 180 걸음'을 이상적인 케이던스로 이야기한다. 이 숫자는 마라톤 선수들이나 숙련된 러너들에게서 흔히 발견되는 수치다. 물론 사람마다 신체 조건이나 달리는 방식이 다르기에 모두에게 절대적인 기준이 될 수는 없다. 하지만 이 숫자가 중요한 이론적 배경을 가지고 있다는 점은 주목할 만하다.

케이던스가 낮다는 것은 한 걸음의 보폭이 길다는 것을 의미한다. 보폭이 길어지면 발이 몸의 중심보다 훨씬 앞에 착지하는 경우가 많아지는데, 이때 무릎에 가해지는 충격이 커진다. 특히 발이 땅에 닿는 순간, 무릎이 완전히 펴진 상태에서 강한 충격을 받으면 무릎 관절과 주변 인대에 과도한 부담이 가해진다. 마치 망치로 무릎을 계속해서 두드리는 것과 같다. 이는 러너들이 흔히 겪는 무릎 통증이나 부상의 주된 원인이 된다.

반면, 케이던스가 높아지면 보폭이 자연스럽게 짧아진다. 발이 몸의 중심에 더 가깝게 착지하게 되면서 지면으로부터 오는 충격이 분산되고, 무릎에 가해지는 부담이 현저히 줄어든다. 짧고 잦은 발걸음은 마치 스프링처럼 충격을 흡수하며 부드럽게 연결된다. 이는 달리기의 효율성을 높일 뿐만 아니라, 장기적으로 무릎을 비롯한 관절을 보호하는 데 결정적인 역할을 한다.

케이던스가 선사하는 변화: 부상 방지부터 효율적인 러닝까지

케이던스를 조절하는 것이 왜 그렇게 중요할까? 그 이유는 다음과 같은 놀라운 변화들 때문이다.

첫째, 무릎 부상 예방의 마법사다. 케이던스를 높이면 발이 땅에 머무는 시간이 짧아지고, 착지 시 무릎이 펴지는 각도가 줄어든다. 이는 무릎 관절에 가해지는 압력을 최소화하여 연골이나 인대 손상의 위험을 크게 낮춘다. 나 역시 러닝 초기 무릎에 가벼운 통증을 느꼈지만, 케이던스를 의식적으로 높이려 노력하면서 통증이 점차 사라지는 것을 경험했다. 마치 달리기가 내 무릎에 조용히 보호막을 씌워준 것만 같았다.

둘째, 에너지 효율을 극대화한다. 케이던스가 높다는 것은 곧 리듬감이 좋다는 의미이기도 하다. 불필요한 위아래 움직임을 줄이고, 앞으로 나아가는 추진력을 효율적으로 사용할 수 있게 된다. 이는 같은 거리를 달리더라도 더 적은 에너지를 소모하며, 피로감을 덜 느끼게 한다. 마치 자동차가 가장 연비가 좋은 구간에서 부드럽게 달리는 것과 비슷하다. 오래도록 지치지 않고 달릴 수 있는 비결이 여기에 숨어 있는 것이다.

셋째, 달리기 자세를 자연스럽게 교정한다. 케이던스를 높이려 의식하는 것만으로도 상체가 곧게 서고, 팔 흔들림이 자연스러워지며, 발착지 지점이 몸의 중심에 가까워지는 등 전반적인 달리기 자세가 개선된다. 이는 마치 숙련된 무용수가 자신의 몸의 중심을 찾아 우아한 춤을 추는 것과 같다. 좋은 자세는 부상을 줄일 뿐만 아니라, 달리기의 즐거움을 배가시킨다.

케이던스: 러닝, 그 이상의 삶의 리듬

케이던스를 의식하고 조절하는 것은 처음엔 어색하고 부자연스럽게 느껴질 수 있다. 하지만 꾸준히 연습하다 보면 어느새 몸은 새로운 리듬에 적응하고, 더 효율적이고 편안한 달리기를 경험하게 된다. 마치 엉킨 실타래가 술술 풀리듯, 달리기가 훨씬 부드럽고 가볍게 느껴지는 순간이 온다.

실제 유튜브를 뒤져 보면 달릴 때 들으면 좋은 여러 가지 음악들이 즐비한데 이 음악들이 모두 최적 케이던스에 맞춰서 제작되어 있음을 알 수 있다. 자신의 케이던스를 170~180 정도에 맞춰서 부지런히 연습하고 몸에 익힌 뒤에 이 음악을 틀고 뛰어 보라. 자신의 왼발과 오른발이 이 음악에 맞추어 지면을 튕겨 내는 경쾌한 발놀림을 발견하게 될 것이다.

케이던스는 단순한 숫자가 아니다. 그것은 내 몸이 보내는 소리 없는 지혜이자, 달리기가 내 삶에 가져다준 또 하나의 깨달음이다. 하루하루 달리는 동안 케이던스는 현재 자신의 몸 상태를 들여다볼 수 있는 지표가 되기도 한다. 충분한 회복을 통해 활력이 충만할 때의 케이던스와 스트레스와 지친 일상, 무더운 날씨에 늘어질 대로 늘어진 상태에서 뛰는 날의 케이던스는 확연히 다르다. 그날그날 케이던스를 보면 내 몸이 지금 어떤 상태인지를 간접적으로 가늠해 볼 수 있다.

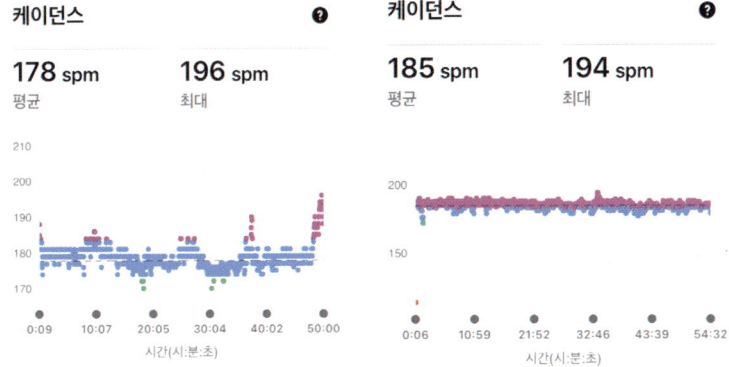

(왼쪽 케이던스 그래프와 오른쪽 케이던스 그래프는 일견 보기에도 많은 차이가 있다. 왼쪽은 그날따라 몸이 너무 무거웠던 날이었다. 그래서 달리는 동안 케이던스가 들쭉날쭉이다. 하지만 오른쪽은 달리는 내내 일정한 케이던스를 유지할 수 있었던, 쾌적한 러닝을 했던 날이다. 이처럼 케이던스는 우리 몸의 상태를 그대로 보여준다.)

또한 케이던스는 무릎 부상이라는 걱정에서 벗어나, 오래도록 건강하게 달리고 싶은 모든 러너들에게 반드시 귀 기울여야 할 몸의 리듬이자, 지속 가능한 행복을 위한 지혜로운 안내자이다.

꾸준함의 마법: 주 3회, 30분 조깅의 비밀

러닝은 내 삶에 건강과 평온을 선물했지만, 이 모든 변화의 뒤에는 단순하지만 강력한 원칙이 숨어 있었다. 바로 '주 3회 이상, 1회 30분 이상의 조깅'이라는 꾸준함이다. 많은 이들이 이 규칙에 대해 의문을 가질 수 있다. 더 자주, 더 길게 뛰어야 하는 것 아닐까? 내 경험과 의학적 통찰을 통해 볼 때, 이 생각은 틀리지 않았다. 오히려 이 최소한의 꾸준함이 우리 몸에 가져오는 변화는 상상 이상이다.

왜 주 3회, 30분 조깅인가? 몸이 기억하는 최적의 리듬

이 숫자들이 의미하는 바는 단순히 운동량을 채우는 것을 넘어선다. 우리 몸은 규칙적인 자극에 반응하고 적응하며 강해진다.

첫째, 회복과 성장의 균형을 이룬다. 주 3회는 몸이 적절히 회복할 시간을 주면서도, 운동으로 인한 긍정적인 변화를 꾸준히 이끌어 낼 수 있는 최적의 빈도다. 매일 뛰는 것은 자칫 과도한 피로와 부상으로 이어질 수 있고, 너무 적게 뛰는 것은 몸의 변화를 기대하기 어렵다. 마치 씨앗을 심고 매일 물을 주되, 햇빛과 휴식도 충분히 제공해야 튼튼한 나무로 자라는 것과 같다.

둘째, '30분'은 우리 몸이 변화를 시작하는 임계점이다. 의학적으로 볼 때, 유산소 운동은 시작 후 약 20분 정도가 지나야 우리 몸의 주요 에너지원이 탄수화물에서 지방으로 전환되기 시작한다. 즉, 최적 심박수와 더불어 30분 이상 조깅을 지속하면 지방 연소가 훨씬 효율적으로 이루어지는 것이다. 단순한 칼로리 소모를 넘어, 체지방 감소에 직접적으로 기여하기 시작한다. 이는 다이어트를 목표로 하는 이들에게 더욱 중요한 의미를 갖는다.

또한, 30분 이상의 유산소 운동은 뇌 건강에도 깊은 영향을 미친다. 앞서 이야기했던 BDNF(뇌유래신경영양인자) 분비가 활발해지는 시점이기도 하다. BDNF는 뇌세포의 성장과 생존을 돕고 새로운 신경 연결을 만드는 데 기여하는데, 이는 기억력, 학습 능력, 인지 기능 개선에 필수적이다. 달리기가 단순한 육체적 훈련을 넘어 정신 건강과 뇌 활성화에 기여하는 이유가 바로 여기에 있다. 30분이라는 시간은 몸과 뇌가 함께 성장하는 마법의 골든타임인 셈이다.

30분 조깅, 몸속에서 일어나는 놀라운 변화들

규칙적인 30분 이상의 조깅은 우리 몸의 거의 모든 시스템에 긍정적인 파급 효과를 가져온다.

- 심혈관 건강 증진: 심장은 더욱 효율적인 펌프가 된다. 규칙적인 운동으로 심장의 근육이 강화되면, 같은 양의 혈액을 보내는 데 필요한 박동 수가 줄어든다. 이는 고혈압 예방 및 관리, 심혈관 질환 위험 감소에 직접적인 영향을 미친다. 혈관의 탄력성도 좋아져 혈액 순환이 원활해진다.
- 면역력 강화: 꾸준한 유산소 운동은 면역 세포의 활동을 촉진하고, 염증 반응을 조절하는 데 도움을 준다. 잔병치레가 줄고, 전반적인 신체 방어력이 높아지는 것을 경험할 수 있다.
- 정신 건강 개선: 30분 이상의 달리기는 스트레스 호르몬인 코르티솔 수치를 장기적으로 낮추고, 세로토닌, 도파민, 엔도르핀 등 긍정적인 감정을 유발하는 신경전달물질의 분비를 지속적으로 촉진한다. 이는 우울감과 불안감을 완화하고, 전반적인 기분 개선과 스트레스 대응 능력을 향상시키는 데 탁월하다. 달리기 후 느껴지는 개운함과 평온함은 단순히 땀을 흘렸기 때문이 아니라, 뇌 속에서 일어나는 화학적 변화의 결과다.

- 수면의 질 향상: 규칙적인 조깅은 신체의 리듬을 조절하고, 깊은 잠을 유도하는 데 도움을 준다. 잠들기 어려웠던 밤들이 점차 편안하고 깊은 휴식의 시간으로 바뀌는 것을 느낄 수 있다. 단, 적어도 잠들기 2시간 전에는 운동을 마치는 것이 더 이롭다. 달리는 동안 뇌로 공급된 원활한 혈액이 오히려 숙면을 방해하는 요소로 작용할 수도 있으니 이 점은 유념하면 좋을 거 같다.

조깅: 삶의 활력을 채우는 최소한의 투자

주 3회, 30분 조깅은 거창한 목표가 아니다. 바쁜 일상 속에서도 충분히 실천 가능한, 우리 자신을 위한 최소한의 투자이다. 이 작은 꾸준함이 쌓이고 쌓여, 우리는 단순히 건강한 몸을 얻는 것을 넘어, 스트레스에 강해지고, 긍정적인 마음을 유지하며, 삶의 활력을 되찾는 놀라운 경험을 하게 된다.

달리기는 결코 나를 속이지 않았다. 내가 시간을 내어 꾸준히 발을 내딛는 만큼, 몸은 솔직하게 반응하고 보답해 주었다. 최적 심박수와 케이던스가 내 몸의 지혜를 알려 주었다면, 주 3회 30분 조깅은 그 지혜를 삶 속에 꾸준히 적용하는 방법을 가르쳐 주었다. 이처럼 달리기는 단순한 운동을 넘어, 나를 이해하고 삶을 풍요롭게 만드는 하나의 철학이자 가장 소중한 습관이 되었다.

총누적거리: 쌓여 가는 발자국, 단단해지는 삶의 지평선

달리기 여정에서 우리는 수많은 지표를 만나지만, 그중에서도 '총누적거리'는 단순한 숫자를 넘어선 깊은 의미를 지닌다. 처음 달리기를 시작할 때, 나는 그저 한 걸음 한 걸음 내딛는 것에 급급했다. 하지만 시간이 흐르고 발자국이 쌓여 갈수록, 이 숫자가 내 몸과 마음에 얼마나 큰 변화를 가져오는지 깨닫게 됐다. 총누적거리는 단순히 땅 위를 얼마나 많이 움직였는지 기록하는 것이 아니다. 그것은 내 삶의 궤적을 고스란히 담아내는, 가장 정직하고 묵묵한 증인이다.

발자국이 그려 내는 지도: 총누적거리의 의미

총누적거리는 우리가 러닝을 통해 얼마나 꾸준히, 그리고 성실하게 자신과 마주했는지를 보여주는 지도와 같다. 매일 혹은 매주 쌓여 가는 이 숫자는 어제보다 나은 오늘을 향한 노력이자, 알게 모르게 단련된 몸과 마음의 역사를 증명한다.

처음에는 1km도 버거웠던 날들이 있었다. 숨은 턱까지 차오르고, 다리는 천근만근 무거웠다. 하지만 포기하지 않고 한 걸음 한 걸음 더 내딛을 때마다, 이정표처럼 늘어나는 총누적거리는 내게 알 수 없는 뿌듯함과 희망을 주었다. 마치 먼 길을 떠나는 여행자가 지도에 자신의 발자취를 하나하나 기록하며 목적지에 가까워짐을 확인하는 것과 같았다.

이 숫자가 늘어갈수록 내 몸은 놀랍도록 적응했다. 지치기만 했던 심장은 더 강한 펌프가 되었고, 늘 불안했던 마음은 흔들림 없는 평온을 찾았다. 총누적거리는 단순히 '많이 뛰었다'는 자랑이 아니다. 그것은 내가 얼마나 많은 어려움을 이겨 냈고, 얼마나 많은 고통을 인내했으며, 얼마나 많은 불안을 땀으로 흘려보냈는지에 대한 증거이다. 한 번도 허투루 기록된 적 없는 그 숫자는 내 삶의 성실함과 진정성을 대변한다.

숫자가 주는 지혜: '10% 규칙'과 몸의 소리

무작정 늘려야 하는 목표가 아니다. 오히려 이 숫자를 지혜롭게 관리하는 것이 지속 가능한 달리기의 핵심이다. 특히 '10% 규칙'은 내가 러닝을 하면서 얻은 가장 소중한 지혜 중 하나다. 전주(前週) 대비 당일 달리는 거리를 10% 이상 늘리지 않는다는 이 단순한 원칙은, 우리 몸이 무리 없이 새로운 변화에 적응할 수 있도록 배려하는 최소한의 예의다.

나 역시 처음에는 이 숫자를 빨리 늘리고 싶은 조급함에 사로잡힌 적이 있었다. 더 많은 거리를 뛰어야만 진정한 러너가 된다는 강박이 나를 채찍질했다. 1km에서 시작한 거리를 세 번 만에 3km로 올리고 3km를 세 번 뛰고 바로 5km를 뛰었다. 처음에는 아무렇지도 않았다. 그러나 두 번째 5km를 뛰고 나서부터 내 몸은 더 이상 달리지 못하겠노라고 아우성이었다. 몸은 거짓말을 하지 않았다. 갑자기 늘어난 거리는 통증으로 돌아왔고, 결국 정형외과에 가서 이런저런 치료를 받고 약을 복용하면서 달리기를 잠시 멈춰야 했다. 이러한 좌절이 한 번만 오지 않았다. 매번 거리에 대한 욕심은 좌절을 불러왔고 좌절은 내 몸이 얼마나 허약한지를 깨닫게 했다. 그때마다 회당거리(많은 러너들이 말하는 마일리지라는 놈)라는 숫자는 내게 겸손을 가르쳤다. 욕심으로 쌓은 탑은 쉽게 무너지지만, 꾸준함으로 쌓은 탑은 견고하다는 것을 말이다.

'10% 규칙'은 단순히 부상을 예방하는 것을 넘어, 달리기를 통해 몸의 미세한 변화를 감지하는 훈련이기도 하다. 거리를 늘릴 때마다 내 몸이 어떻게 반응하는지, 어느 지점에서 피로가 오고 어떤 부위가 불편한지 세심하게 살피게 된다. 이는 달리기가 단순한 운동을 넘어 자기 몸과의 깊은 대화이자 섬세한 교감임을 깨닫게 해준다.

쌓여 가는 발자국: 삶의 지평선을 넓히다

총누적거리는 결국 우리 삶의 지평선을 넓히는 과정과 닮아 있다. 한 걸음 한 걸음이 모여 1km가 되고, 10km가 되며, 어느새 수백, 수천 km가 되는 것처럼, 삶도 작은 노력들이 쌓여 비로소 넓고 깊은 세상으로 나아가게 된다.

오늘 내가 달린 이 발자국들이 쌓여 총누적거리가 되는 것처럼, 우리의 삶도 크고 작은 경험들이 모여 내면의 지도를 완성한다. 총누적거리는 단순히 운동 기록을 넘어, 내 삶의 끈기와 성실함, 그리고 불굴의 의지를 보여주는 자랑스러운 훈장이다. 이 숫자가 계속 늘어나는 한, 나는 멈추지 않고 앞으로 나아갈 것이다. 불안으로 점철되었던 내 인생이 달리기라는 귀한 은인을 만나 강건함과 평온함이라는 훈장을 달게 되었다. 달리기가 내게 가져다준 보배 같은 훈장이다.

몸의 협주곡:

족저근막염 치료의 새로운 접근

발을 디딜 때마다 찌릿하게 전해지는 통증. 아침에 일어나면 특히 더 심해지는 족저근막염은 '혹시 다시 뛰지 못하면 어쩌나' 하는 막연한 불안감을 내게 안겨 주었다. 그리 많이 뛴 것도 아닌데 벌써 이런 부상을 당하는 몸이 원망스러웠다. 어쩌면 충분한 스트레칭 없이 몸을 혹사시킨 탓일지도 모른다는 후회를 지울 수 없었다. 처음 찾아간 정형외과 의사는 족저근막 위주로 치료하고 소염제와 진통제를 처방해 주었지만, 통증은 잊을 만하면 다시 나를 괴롭혔다. 무언가가 잘못된 것이 분명했다. 이대로는 러닝을 계속할 수 없을 것 같았다. 러닝을 계속하지 못하면 다시 불안이 찾아올 거라는 공포. 어떻게든 이 통증에서 벗어나야만 했다.

종로 회사 주위에 있는 한 정형외과를 찾아갔더니 의사 선생님은 내가 코어 힘이 약하고 허리가 약간 일자여서 다리에 더 많은 하중과 부담을 주고 있는 것 같다고 지적했다. "코어와 둔근이 힘을 못 쓰면 햄

스트링이 대신 일해요. 그게 종아리와 발바닥에 부담을 주죠." 그 순간 깨달았다. 내 발꿈치 통증은 허리와 엉덩이가 보내는 SOS 신호였다는 걸. 톰 마이어스의 Anatomy Trains 이론처럼, 족저근막은 아킬레스건을 타고 종아리 근육→무릎 주위 근육→햄스트링→둔근, 그리고 허리 근육으로 연결된 거대한 거미줄이었다. 발바닥 족저근막에 통증이 있어도 햄스트링을 스트레칭해 주면 역설적이게도 통증이 줄어들던 이유가 여기에 있었다.

한 연구에 따르면 족저근막염 환자 중 47%가 허리 통증을 동반한다고 한다. 이는 우연이 아니다. 둔근이 약해지면 고관절이 제대로 움직이지 못해 햄스트링이 과도하게 긴장된다. 마치 한쪽 브레이크가 걸린 자전거를 타는 것처럼, 발바닥은 계속 끌려가며 닳아 간다. 요추를 지탱하는 근육이 약해지면 걸음걸이가 불안정해지고 그 충격은 고스란히 발바닥으로 전달된다. 통증은 몸의 경고등이었고, 그 뿌리는 허리 깊숙이 숨겨져 있었다.

족저근막염을 단순히 발 문제로 여기면 재발은 필연적이다. 어느 날 정형외과 의사가 내게 말했다. "발바닥 스트레칭만으로는 부족해요. 복부와 엉덩이 근육, 코어를 강화해야 합니다. 그리고 허리 근육과 둔근, 햄스트링을 스트레칭을 통해 유연하게 해주어야 합니다." 그리고 스트레칭하는 법을 차근차근 알려 주었고, 그대로 실행하자 신기하게도 족저근막염 통증이 조금씩 나아졌다.

아침마다 허리 근육을 풀어 주는 요가 동작을 하고, 계단 오르내릴 때 둔근에 집중하자 발바닥이 받는 부담이 사라졌다. 마치 몸의 각 부위가 서로 손을 잡고 균형을 찾아가는 듯했다. 한 연구팀은 전신 접근법이 국소 치료보다 재발률을 60% 이상 낮춘다고 보고했다. 내 몸은 더 이상 고립된 부품이 아니었다. 발바닥의 아픔은 허리와 엉덩이가 보내는 협주곡이었고, 치료는 그 화음을 맞추는 과정이었다.

족저근막염은 단순한 염증이 아니라, 몸이 보내는 편지였다. '내 허리를 돌봐줘', '둔근을 깨워줘'라고 외치는 신호를 무시한 채 발만 치료하려 했던 것이 잘못이었다. 이제 나는 발바닥이 아플 때마다 허리를 펴고 복근에 힘을 준다. 허벅지에 힘을 주고 힘차게 앞뒤로 발을 내딛어 본다.

몸은 분리된 기계가 아니라, 서로 연결된 악기들이다. 발바닥의 작은 떨림이 허리까지 울림을 전하는 이 놀라운 연주회에서, 우리는 각 부위의 목소리에 귀 기울여야 한다. 오늘도 나는 발꿈치를 땅에 디디며 속삭인다. "고마워, 내 몸."

Chapter 3

**1,400km 러닝이 가져온
기적들과 깨달음**

1

1,400km의 기적 1: 불안이 사라지다

나는 불안이라는 그림자를 짊어지고 오랜 시간을 걸어왔다. 밤은 불면으로 얼룩졌고, 작은 일에도 가슴은 콩닥거렸다. 사람들과의 관계는 늘 조심스러웠고, 혼자 남겨지는 것에 대한 두려움은 익숙한 불청객이었다. 2023년 12월 31일, 새해를 맞이하는 어색한 설렘 속에서 나는 처음 1km를 뛰었다. 그때는 그저 막연한 시도였다. 그러나 그날 이후, 일주일에 두세 번, 때로는 그 이상으로 나는 신발 끈을 묶고 밖으로 나섰다.

차가운 겨울바람을 맞으며, 혹은 뜨거운 여름 햇살 아래 땀방울을 쏟으며 달리는 동안, 신기하게도 오랫동안 나를 괴롭히던 불안의 그림자가 조금씩 옅어지는 것을 느꼈다. 마치 굳게 닫혀 있던 마음의 창문이 조금씩 열리며 신선한 공기가 스며드는 기분이었다. 1년여의 시간이 흐르는 동안, 습관처럼 삼켰던 아침 약의 졸음이 거슬리기 시작했다. 문득, 이제는 약을 줄여 봐도 괜찮겠다는 용기가 스멀스멀 피어

올랐다. 그러나 그 변화는 번개처럼 빠르게 찾아온 것은 아니었다. 거의 10개월이라는 인고의 시간이 필요했다.

  2024년 3월, 설렘과 긴장 속에서 떠났던 한 달간의 해외출장은 예상치 못한 스트레스를 안겨 주었고, 불안은 더욱 짙어져 나를 짓눌렀다. 결국 약의 용량을 늘려야 했고, 증량된 약은 6개월 동안 나의 일상을 지배했다. 하지만 나는 달리기를 멈추지 않았다. 당시 나를 붙잡았던 것이 무엇이었는지 명확히 설명하기는 어렵다. 다만, 달리는 동안 스트레스로 팽팽하게 수축되었던 머릿속 혈관들이 맥박에 맞춰 욱신거리며 확장되는 듯한 느낌을 자주 받았다. 그 욱신거림은 마치 불안이라는 덩어리가 몸 밖으로 밀려 나가는 지축의 울림처럼 느껴졌다. 실제로 숨이 턱까지 차오르고 다리가 천근만근 무거워지는 고통 속에서, 역설적으로 불안이라는 감정은 잠시 망각될 수 있었다. 힘듦에 파묻혀 희미해지는 불안의 존재는, 오히려 나를 현재에 집중하도록 이끌었다.

  흔히들 불안은 현재에 머물지 못하고 과거의 상처나 미래의 불확실성에 붙잡혀 있을 때 찾아온다고 한다. 과거의 후회와 미래의 염려 속에서 길을 잃을 때, 불안은 그림자처럼 우리 곁을 맴돈다. 하지만 달리기는 도망가 버린 감정들을 현재라는 뚜렷한 지점으로 되돌려 놓는 놀라운 힘을 가지고 있었다. 땅을 박차고 나아가는 발, 규칙적인 호흡, 땀방울이 흘러내리는 감각, 주변 풍경의 변화 속에서 나는 오롯이 '지금, 여기'에 존재할 수 있었다.

  2024년 10월 이후, 나는 약 3개월 간격으로 조심스럽게 약의 복용량을 줄여 나갈 수 있었다. 그리고 2025년 4월 말, 마침내 용기를 내어 7년 넘게 나를 옭아매던 항불안제와의 이별을 시도했다. 진료실에서 마주한 의사의 걱정스러운 눈빛은 아직도 생생하다. 하지만 왠지 모를 강한 확신이 내 안에서 솟아오르고 있었다. 그렇게 나는 1년 반 동안 쉼 없이 달려온 길 위에서 불안을 잠재우고, 오랫동안 의존해 왔던 약물로부터 스스로를 해방시켰다.

구분	처방약	2024					2025	
		1/24	4/22	10/18	11/22	12/23	1/17	4/1
아침	에나폰정 5mg	1	1	□	□	□	□	□
	뉴프람정 5mg	1	1	□	□	□	□	□
	스리반정 0.5mg	1	2	□	□	□	□	□
	자나팜정 0.5mg	1	0.5	□	□	□	□	□
	인데놀정 40mg	□	0.5	□	□	□	□	□
저녁	에나폰정 5mg	1	□	□	□	□	□	1
	명인아미트리프틸린염산염정 10mg	1	2	1	1	1	1	□
	스리반정 1mg	1	1	1	□	0.5	0.5	0.5
	자나팜정 0.5mg	1	1.5	1	□	□	0.5	□
	인데놀정 40mg	□	0.5	0.5	0.5	0.5	0.5	□

 벌써 6개월이라는 시간이 흘렀지만, 단약으로 인한 특별한 부작용은 찾아오지 않았다. 문득 예기치 않은 불안감이 스멀스멀 올라올 때도 있지만, 그럴 때면 나는 어김없이 운동화 끈을 묶고 집 앞 골목길이나 동네 공원을 달린다. 몇 바퀴 힘껏 달리고 돌아오면, 불안은 언제 그랬냐는 듯 흔적도 없이 사라지고, 평온했던 이전의 나로 돌아와 숨을 쉰다. 1년 반 동안 내가 달린 거리는 약 1,400km. 이 숫자는 단

순한 이동 거리가 아닌, 불안의 그림자를 걷어 내고 스스로를 치유하며 나아간 용기와 노력의 기록이다. 여전히 삶은 예측 불가능하고 때로는 불안이 다시 찾아올 수도 있겠지만, 이제 나는 안다. 두 발로 땅을 박차고 나아가는 이 단순한 행위가 나를 다시 현재로 데려다주고, 내 안의 건강한 힘을 깨워 준다는 것을. 불안이라는 어둠 속에서 길을 잃은 이들에게, 나는 감히 말하고 싶다. 현재 당신의 삶이 불안으로 얼룩져 힘들다면 오늘 당장 신발 끈을 고쳐 매고 밖으로 나가 달려 보라. 그리고 당신 안의 잠재된 힘을 믿어라. 한 발 한 발 내딛는 걸음마다, 불안은 조금씩 뒤로 물러나고 당신은 주로의 저편 끝에서 진짜 당신을 만나게 될 것이다.

2

1,400km의 기적 2: 아침 구역질이 사라지다

어떤 기적은 급하게 내려치는 번개처럼 일순간 찾아오지 않는다. 때로는 지극히 평범한 일상 속, 아주 작은 변화 속에서 서서히 그 존재를 드러내곤 한다. 내게는 아침 양치질이 그랬다. 1,400km의 러닝 여정을 마친 어느 날, 거울 속 나의 모습은 칫솔을 입에 넣고도 더 이상 구역질을 하지 않는, 믿을 수 없는 해방감을 만끽하고 있었다.

돌이켜보면 아침 양치질은 나에게 늘 고통스러운 의식이었다. 칫솔이 혀뿌리나 목 안쪽에 닿기라도 하면, 어김없이 울컥거리는 구역질이 올라와 아침을 불쾌하게 만들었다. 굳이 혀뿌리에 닿을 필요도 없었다. 단지 치약 냄새가 코끝을 찌르고 칫솔질로 불어나는 거품들이 침들과 뒤섞여 입안에 가득해지면 반사적으로 구토가 쏟아지려는 본능을 주체할 수 없었다. 이러한 고통은 단순히 불편함을 넘어, 마치 몸이 나를 거부하는 듯한 불쾌감은 하루의 시작을 짓누르는 그림자 같았다.

아침마다 화장실에서 칫솔질 하나로 '꾸엑'거리는 아빠의 목청에 아침잠을 깨는 아들이 항상 걱정스러운 눈으로 아빠를 바라보곤 했다. 이 사소한 고통이 언제부터 시작되었는지, 왜 이토록 예민해졌는지는 알 수 없었지만, 나는 그저 남들도 그러려니 하며 살아왔다.

그리고 러닝을 시작했다. 처음에는 그저 체력을 기르고 싶다는 막연한 생각에서였다. 한 걸음, 한 걸음, 그렇게 쌓아 올린 거리가 어느덧 1,400km에 이르렀다. 그 과정에서 몸은 조금씩 조금씩 놀랍도록 변화했다. 숨이 차오르던 폐는 강철처럼 단련되었고, 무거웠던 다리는 가벼워졌다. 하지만 가장 놀라운 변화는 눈에 보이지 않는 곳에서 일어났다. 바로 나의 신경계, 특히 구역질 반응을 관장하는 미주신경의 민감도에 생긴 변화였다.

우리의 몸에는 뇌와 장기를 연결하는 중요한 통로인 '미주신경'이라는 것이 있다. 이 신경은 소화, 심박수 조절 등 다양한 생체 기능을 담당하며, 구역질 반응에도 깊이 관여한다. 스트레스가 많거나 몸의 균형이 깨지면 이 미주신경이 과도하게 민감해져 사소한 자극에도 쉽게 구역질을 유발할 수 있다. 마치 예민한 안테나처럼 말이다.

1,400km를 달리며 나는 단순히 근육만을 키운 것이 아니었나 보다. 규칙적인 러닝은 나의 자율신경계 균형을 되찾아 준 것 같다. 만성 스트레스로 인해 항진되었던 교감신경의 활동은 줄어들고, 이완과 회복을 담당하는 부교감신경, 즉 미주신경의 활성도가 높아졌다. 몸이 편안하고 안정된 상태로 돌아오면서, 미주신경의 과민 반응은 자연스럽게 진정되었다. 또한, 러닝은 장 건강에도 긍정적인 영향을 미쳐

'장-뇌 축'이라 불리는 장과 뇌의 소통을 원활하게 했다. 장이 편안해지니 뇌로 전달되는 불필요한 자극도 줄어들어 신경계 전반의 안정성이 높아진 것이다.

어느 날 아침, 평소처럼 칫솔을 들고 양치질을 하다, 문득 깨달았다. 더 이상 치약 냄새가 역겹지 않고 오랜 양치질에도 더 이상 구역질이 나지 않는다는 것을. 그리고 아침마다 양치질을 하는 일이 더 이상 그리 수고스럽지 않다는 것을.

그 깨달음은 어느 날 아침 별안간 나를 찾아들었다. 수년간 나를 괴롭혔던 작은 고통이, 1,400km의 땀방울 끝에서 기적처럼 사라진 것이다. 그것은 마법이 아니었다. 꾸준한 노력과 인내가 몸의 가장 깊숙한 곳, 신경계의 섬세한 균형까지 조절해 낸 결과였다.

그렇게 러닝은 나에게 단순한 운동 이상의 의미가 되었다. 그것은 몸과 마음의 연결을 이해하고, 스스로의 힘으로 불편함을 극복해 나가는 여정이었다. 아침 양치질의 '기적'은, 우리가 생각하는 것보다 훨씬 더 많은 잠재력이 우리 몸 안에 숨어 있음을 일깨워 주는 소중한 경험이었다.

3

1,400km의 기적 3: 장 트러블, 마침내 사라지다

장 트러블은 내 인생에서 그 어떤 것보다 선명하게 자리 잡은 주제였다. 어릴 적 잦은 병치레와 항생제 남용은 내 장의 평화를 송두리째 빼앗아 갔다. 어른이 되어서야 '장내 유익균이 다 죽어서 그렇다'는 이야기를 들었지만, 이미 내 삶은 신경성 대장염이라는 그림자가 짙게 드리워져 있었다. 중학교 시절부터는 그 심각성이 극에 달했다.

매일 아침 학교 가는 길은 20분간의 버스 이동과 10분 남짓한 도보로 이루어져 있었다. 문제는 20분에 한 대꼴로 오는 버스였다. 한 대라도 놓치면 지각은 따 놓은 당상. 집을 나서기 전, 화장실을 두세 번 들락거리며 만반의 준비를 마쳤다. 하지만 저 멀리 삼거리를 돌아 버스가 모습을 드러내면, 거짓말처럼 배가 싸늘하게 아파 왔다. 운 좋게 버스에 몸을 싣는 날에도 내릴 때까지 가슴은 두근반세근반, 온통 예기불안에 휩싸여 있었다. 언제 배가 아파 올지 모른다는 공포가 늘 나를 옥죄었다.

이 고통은 군대에서도, 직장 생활에서도 나를 놓아주지 않았다. 오히려 더욱 심해졌다. 골프를 치러 가면 티업 전까지 서너 번은 기본으로 화장실을 들락거려야 했다. 나인 홀을 마치고 20~30분의 짧은 대기 시간에도 두어 번은 꼭 화장실을 찾아야 했으니, 동반자들과 유쾌한 수다나 편안한 접대는 꿈도 꾸지 못했다. 라운딩 내내 언제 터질지 모르는 장 트러블 때문에 나는 늘 초조함에 시달렸다.

달리기, 기이한 방귀의 시작

처음 달리기를 시작했을 때였다. 아랫배가 싸늘해지며 기분 나쁜 통증이 찾아오는 것도 모자라, 기이한 현상이 나타났다. 달리는 내내 방귀가 엄청나게 났다는 사실이다. 심지어 달리기를 하지 않는 평일에도 방귀는 쉼 없이 터져 나왔다. 사무실에 앉아 있기가 민망할 정도였고, 방귀가 나올 것 같아 급히 화장실로 걸어가는 도중에도 주책없는 방귀는 내 사정을 봐주지 않았다. 사무실 동료 여직원 책상 앞을 지날 때 눈치 없이 삐져나오는 방귀 소리라니…. 결국 이런 나의 '무례한' 행동은 회식 자리에서 불만으로 터져 나왔다.

"김 수석, 넌 눈치 좀 챙겨라. 사무실에서 그렇게 방귀를 대놓고 뀌는 사람이 어디 있니…."

나 역시 미치고 환장할 노릇이었지만, 이걸 설명할 방법도, 피할 방법도 없었다. 다만 달리기를 시작하고 나서부터 생긴 생리현상이었기에, 나는 스스로 '내 장이 건강해지는 것이 아닐까' 막연히 추측하며 버틸 뿐이었다. 그 이후로도 꽤 오랫동안 나는 방귀를 달고 살았다. 달리는 동안 방귀가 너무 많이 나와서 일부러 주로를 화장실 주위로 잡았을 정도다. 원인을 알 수는 없었지만, 달리는 동안 방귀가 나오는 현상이 왠지 모르게 기분이 좋았다. 장이 좋아지는 걸지도 모른다며 스스로를 위안했던 날들이다. 그리고 이제, 더 이상 방귀는 나지 않는다.

마침내 찾아온 평화

달리는 거리가 점점 늘어남에 따라 내 장도 시나브로 제 고집을 꺾기 시작했다. 어느 날 라운딩을 나갔는데, 나인 홀 뒤 대기 시간에 수다를 떠느라 화장실 가는 일을 까마득히 잊고 말았다. 그래도 습관처럼 화장실에 가 앉아 있었지만, 아무런 반응이 없어 그저 돌아 나왔다. 그리고 그날은 아무런 사건도 일어나지 않았다. 그렇게 몇 번의 라운딩 이후, 나는 비로소 달라진 내 모습을 알아차리게 되었다. 예전처럼 화장실을 그리 자주 찾지 않아도 되는 나, 장 트러블이 생길지도 모른다는 예기불안이 많이 잦아든 나, 수다 삼매경에 빠져 화장실 가는 일을 까마득히 잊고 있는 나를 마주하게 된 것이다.

회사 생활 중 가장 힘든 일은 회식 이후 집으로 돌아가는 것이었다. 위장 기능이 떨어져서일까. 회식하는 동안 음식을 먹고 나면 갑자기 급격히 배가 불러 오면서 위가 음식물을 소화하지 못해 급작스레 토해 내는 일이 잦았다. 아내는 "회식 때 절반만 먹어."라고 했지만, 나는 그 절반이라는 지점을 잘 찾지 못했다. 배가 너무 급격히 불러 왔기 때문이었다. 그렇게 토해 내고 나면 아무것도 내려간 적 없는 장이 아우성을 칠 차례였다. 장 트러블 때문에 회식이 끝나고 나서도 지하철을 타지 못한 채 화장실을 배회하며 위장이 진정되기를 기다려야 했으니, 회식은 내게 곤욕 그 자체였다.

  러닝을 시작한 지 일 년이 조금 더 지났을 무렵, 나는 위장 기능이 많이 좋아지고 있음을 어느 날 문득 깨달았다. 많이 먹어도 위가 음식물을 받아 내지 못해 역류하는 일이 없어졌다. 많이 먹었다는 이유만으로 회식 후 화장실을 배회하는 횟수도 눈에 띄게 줄어들었다. 정말 러닝은 위장까지 튼튼하게 만들어 주나 보다.

  지금은 회식 시간이 마냥 즐겁다. 맛있는 음식들을 마음껏 먹을 수 있고, 먹고 난 이후에도 아무런 탈이 없으니 먹는 행복이 이런 것인가 싶다. 러닝이 내게 가져다준 수많은 변화 중 가장 크고 감격스러운 변화가 바로, 그 지긋지긋했던 장 트러블이 정말 많이 사라진 것이다.

4

달리기, 카메라가 깨운 내 안의 마법

우리는 삶의 많은 순간을 기록하며 살아간다. 소중한 추억을 사진에 담고, 특별한 경험을 영상으로 남긴다. 그런데 달리기를 하면서 문득 이런 생각을 해본 적이 있는가? 내가 지금 달리는 모습을 영상으로 남겨 보면 어떨까. 나는 달리기를 통해 삶의 많은 불안을 극복해 왔지만, 그 과정에서 마주한 이 '카메라의 마법'은 또 다른 깨달음을 안겨 주었다.

어느 날이었다. 평소처럼 동네 공원을 달리고 있는데, 문득 내 달리는 모습을 영상으로 남겨 보고 싶다는 생각이 들었다. 휴대폰을 나무나 난간에 기대어 거치해 두고, 녹화 버튼을 누른 채 그 앞에서 다시 달리기를 시작했다. 그런데 놀라운 일이 벌어졌다. 분명 몇 분 전까지만 해도 다리가 천근만근 무겁고 숨이 턱까지 차올랐는데, 카메라가 돌아가는 순간 언제 힘들었느냐는 듯 온몸에 힘이 솟아나는 것이 아닌가. 발걸음은 가벼워지고, 페이스는 저절로 빨라지는 듯했다. 심지어 카메라 앞을 지나는 순간에는 나도 모르게 피식 웃음이 나기도 했다. 자세까지 더 곧게 펴지고 팔치기도 경쾌해지는 느낌을 받았다. '이게 대체 무슨 일이지?' 처음에는 단순한 착각이거나 일시적인 현상이라고 생각했다. 하지만 이런 경험은 한두 번이 아니었다. 힘들 때마다 카메라를 켜면, 마치 마법처럼 내 안의 숨겨진 에너지가 깨어나는 것을 반복해서 느꼈다.

  이러한 현상은 단순히 기분 탓이 아니다. 심리학적으로 설명이 가능한 흥미로운 지점들이 있다. 가장 먼저 떠오르는 것은 '관찰자 효과(Observer Effect)' 또는 '사회적 촉진(Social Facilitation)'이다. 카메라 렌즈가 나를 향하는 순간, 우리는 무의식적으로 '관찰당하는 대상'이 된다. 비록 눈앞에 실제 관중이 없더라도, '기록된다'는 사실 자체가 우리 안에 '잘 보이고 싶다'는 내재된 동기를 자극한다. 이는 자신의 능력을 최대한 발휘하려는 경향으로 이어지고, 결과적으로 평소보다 더 나은 퍼포먼스를 이끌어 낸다. 마치 무대 위 배우가 관객의 시선을 느끼며 더 몰입하듯, 가수가 더 많은 청중들 앞에 설수록 더 사력을 다해 노래하듯, 우리는 카메라 앞에서 스스로의 잠재력을 끌어내게 되는 것이다.

  또한, 영상을 찍는 행위는 강력한 '자기 효능감(Self-Efficacy)'과 '동기 부여'로 작용한다. 자신의 달리는 모습을 기록하고, 성장하는 과정을 남기고 싶다는 욕구는 내면의 의지를 불태운다. "나는 이만큼 달릴 수 있다", "나는 더 잘할 수 있다"는 자기 확신이 높아지면서, 실제 체감하는 피로감은 줄어들고 더 나은 수행을 향해 나아가게 된다. 달리면서 찾아오는 통증이나 피로감은 우리의 주의를 온통 힘듦에 집중시키기 쉽다. 하지만 영상을 찍는다는 행위는 우리의 '주의를 전환(Attention Diversion)'시킨다. '달리기 자체의 힘듦'에서 '영상을 위한 멋진 퍼포먼스'로 초점이 옮겨 가며, 피로감이나 통증을 잠시 잊게 하는 효과를 가져온다. 여기에 촬영이라는 특수한 상황이 주는 약간의 흥분감은 아드레날린 분비를 촉진하여 일시적으로 통증 역치를 높이고, 힘과 에너지가 더 강하게 느껴지도록 만들 수 있다. 이러한 심리적, 생리적 요인들이 복합적으로 작용하여 우리는 카메라 앞에서 평소보다 더 빠르고 힘 있게 달리게 되는 것이다.

이 '카메라의 마법'은 비단 달리기뿐만 아니라 우리 삶의 여러 영역에 적용될 수 있는 중요한 통찰을 제공한다. 우리는 종종 스스로의 한계에 갇히거나, 보이지 않는 벽에 부딪혔다고 느낀다. 하지만 카메라 앞에서 발휘되는 놀라운 힘처럼, 우리 안에는 우리가 미처 깨닫지 못하는 잠재력이 숨어있다. 중요한 것은 그 잠재력을 인지하고, 그것을 끌어낼 수 있는 '스위치'를 찾는 것이다. 달리기의 경우, 카메라가 그 스위치 역할을 해준 셈이다. 이는 곧 '자기 관찰'과 '의도적인 동기 부여'의 중요성을 일깨워 준다. 단순히 수동적으로 달리는 것이 아니라, 스스로를 객관적으로 바라보고 더 나은 모습을 상상하며 의지를 다질 때, 우리의 몸과 마음은 놀라운 반응을 보인다.

그렇다면 이 놀라운 '카메라 효과'를 달리기에 어떻게 더 효과적으로 활용할 수 있을까? 이는 당신의 러닝 경험을 더욱 풍요롭고 의미 있게 만들어 줄 강력한 도구가 될 수 있다.

첫째, 고비 극복의 동반자로 활용하라. 달리기가 특히 힘들게 느껴지는 오르막길이나 장거리 후반부처럼 육체적, 정신적 고비가 찾아올 때, 잠시 휴대폰을 거치하고 영상을 찍어 보라. 당신은 무의식적으로 더 집중하고 힘을 내게 되어 그 고비를 훨씬 수월하게 넘길 수 있을 것이다. '이 힘든 순간에도 나는 멋지게 달리고 있다'는 자기 최면은 실제 퍼포먼스 향상으로 이어질 것이다.

둘째, 자세 교정의 거울로 삼아라. 단순히 힘을 내는 것을 넘어, 영상을 찍으면서 자신의 달리기 자세를 객관적으로 평가할 수 있다. 팔치기, 보폭, 착지 등 개선하고 싶은 부분을 촬영하고 나중에 영상을 보며 피드백을 얻는다면, 다음 훈련에서 더욱 효율적이고 부상 위험이 적은 자세를 찾아갈 수 있다. 영상 속 자신의 모습을 보며 '더 멋진 자세'를 상상하는 것만으로도 몸은 그에 맞춰 반응할 것이다.

셋째, 성장의 기록이자 강력한 동기 부여 수단으로 활용하라. 꾸준히 영상을 찍어 두고 과거 영상과 비교해 보라. 시간이 지남에 따라 늘어난 거리, 빨라진 속도, 안정된 자세 등을 눈으로 확인하면 엄청난 성취감과 동기를 얻을 수 있다. '다음번엔 더 좋은 영상을 찍어야지', '더 멀리, 더 빠르게 달려야지' 하는 긍정적인 도전 의식은 당신을 계속 달리게 할 것이다. 이는 마치 자신만의 '러닝 다큐멘터리'를 만드는 것과 같다.

넷째, 나만의 심리적 스위치를 만들어라. 러닝 전 특정 루틴(예: 스트레칭 후 카메라 세팅)을 만들어 영상 촬영을 시작하는 순간, 몸과 마음이 '달릴 준비 완료' 모드로 전환되도록 훈련하는 것도 좋은 방법이다. 이는 달리기에 대한 몰입도를 높이는 당신만의 '심리적 스위치'가

될 것이다. 카메라를 켜는 순간, 당신의 몸은 '이제 제대로 달릴 시간'이라는 신호를 받게 될 것이다.

그 영상 속에서 당신은 당신의 불안을 넘어선 용기와, 스스로를 치유하는 기적을 목격하게 될 것이다. 카메라가 당신의 달리기에 마법을 부리듯, 당신의 삶에도 숨겨진 힘을 깨우는 작은 스위치가 될 수 있음을 기억하라.

5

달리기와 음악, 영혼의 하모니

나는 달린다. 때로는 새벽의 고요를 가르며, 때로는 한낮의 뜨거운 햇살 아래 땀을 쏟으며, 또 때로는 퇴근 후 어둑어둑한 저녁 가로등 불빛을 따라 뛴다. 그리고 나의 달리기에는 언제나 음악이 함께한다. 그것은 단순한 배경음이 아니다. 내 발걸음의 리듬이 되고, 숨결의 박자가 되며, 때로는 내 영혼을 흔들어 깨우는 강력한 파동이 된다. 특히 평소에도 나에게 깊은 감동을 주었던 가수들의 노래, 기타리스트의 열정적인 연주를 달리는 동안 들을 때면, 그 감동은 상상할 수 없을 만큼 강렬하게 증폭되어 다가온다. 주로에서 나는 한동안 터치드가 복면가왕에서 불렀던 노래들을 자주 들었다. 정성하가 제이슨 므라즈와 협연한 기타곡 〈I am yours〉를 반복해서 듣기도 했다. 정성하의 기타 선율이 절정을 향해 달려가면 나도 모르게 얼굴에 미소가 번지고, 때로는 벅찬 행복감에 헛웃음까지 터져 나올 때가 있다. 이 기묘하고도 아름다운 경험은 왜 일어나는 것일까?

달리는 동안 음악이 주는 감동이 이토록 깊어지는 것은, 우리의 몸과 마음이 만들어 내는 특별한 하모니 때문이다. 달리기는 우리 몸의 가장 원초적인 움직임 중 하나다. 한 발 한 발 땅을 박차고 나아가는 동안, 우리는 육체적인 한계에 도전하고, 땀을 통해 스트레스를 배출한다. 이 과정에서 우리 뇌는 '행복 호르몬'이라 불리는 엔도르핀을 아낌없이 분비한다. 엔도르핀은 통증을 완화하고 기분을 좋게 만드는 자연 진통제이자 행복 유발제다. 동시에 쾌감과 보상 시스템을 담당하는 도파민 같은 신경전달물질도 활발하게 분비된다. 이미 몸이 긍정적인 화학 물질로 가득 차오르는 상태인 것이다.

　이처럼 몸이 행복으로 충만해지는 순간, 귀에 들려오는 감동적인 음악은 그 효과를 극대화한다. 음악 또한 우리 뇌의 보상 회로를 자극하여 도파민을 분비시킨다. 특히 우리가 깊이 사랑하고 공감하는 음악은 단순히 소리의 나열을 넘어, 우리의 기억과 감정, 그리고 경험과 연결되어 있다. 평소에 들을 때도 감동적이었던 멜로디와 가사가 달리는 동안에는 더욱 생생하게 다가오며, 그 안에 담긴 서사가 마치 나의 이야기처럼 느껴진다. 심지어 영어 가사도 더 잘 들리고, 가수의 딕션은 또렷한 감동이 되어 내게 밀려든다. 엔도르핀과 도파민이 넘쳐나는 상태에서 음악이 주는 감동이 더해지니, 이 둘은 서로를 증폭시키는 강력한 시너지 효과를 낸다. 이미 긍정적인 감정의 파고가 높은 상태에서 음악이 그 파고를 더욱 높여 주니, 감동은 극에 달하고 행복감은 주체할 수 없어 웃음으로 터져 나오는 것이다.

　달리면서 우리는 고도의 집중 상태에 놓이게 된다. 오직 발소리와 호흡, 그리고 주변 풍경만이 존재하며 외부의 잡념은 희미해진다. 이러한 몰입 상태에서 음악은 우리의 감정 이입을 더욱 깊게 만든다. 음악이 가진 리듬은 우리의 심박수와 발걸음에 자연스럽게 동조되어 운동 효율을 높이고, 피로감을 덜 느끼게 한다. 몸이 리듬에 맞춰 자연스럽게 움직이며 일종의 '흐름(flow)' 상태에 진입하면, 더욱 즐겁고 몰입된 경험을 하게 된다. 이 신체적인 즐거움이 음악이 주는 감동과 결합될 때, 우리는 마치 영혼이 정화되는 듯한 카타르시스를 느끼게 된다. 음악이 슬픔이나 불안 같은 감정조차도 아름답게 승화시키며, 결국에는 순수한 행복감으로 전환시키는 마법을 부리는 것이다.

나는 달리기를 통해 불안의 그림자를 걷어 냈지만, 음악은 그 길 위에서 나에게 예상치 못한 선물과도 같았다. 단순히 지루함을 덜어 주는 도구를 넘어, 나의 감정을 증폭시키고, 내 안의 행복을 깨우는 파트너가 되어 주었다. 때로는 잊고 있던 추억을 소환하고, 때로는 알 수 없는 희망을 불어넣어 주었다. 발걸음이 무거워질 때면 음악은 나를 일으켜 세웠고, 마음이 지칠 때면 음악은 나를 위로했다. 한 시간 넘게 뛰는 날 무료하고 심심하다는 느낌까지도 다 가져갔다.

이러한 경험을 통해 나는 감히 다른 러너들에게도 권하고 싶다. 당신의 달리기 여정에 음악을 동반자로 맞아 들이라고. 단순히 빠른 비트의 음악으로 페이스를 유지하는 것을 넘어, 당신의 영혼을 울리는 감동적인 음악들을 플레이리스트에 담아 보라. 당신이 좋아하는 가수들의 목소리, 당신을 위로했던 기타 선율, 당신의 가슴을 뛰게 했던 오케스트라의 웅장함이 달리는 동안 당신에게 어떤 마법을 선사할지 직접 경험해 보라.

　처음에는 그저 귀를 즐겁게 하는 소리일지 모른다. 하지만 어느 순간, 당신의 발걸음과 심장 박동이 음악의 리듬과 하나가 되고, 땀방울이 흐르는 얼굴 위로 알 수 없는 미소가 번지는 것을 발견하게 될 것이다. 당신이 평소에 느끼던 감동이 달리기의 활력과 만나 폭발적인 행복감으로 변하는 순간을 맞이할 것이다. 그것은 단순한 운동의 즐거움을 넘어, 영혼의 깊은 곳에서 울려 퍼지는 진정한 환희가 될 것이다.

　달리기와 음악은 서로 다른 영역에 속하지만, 함께할 때 비로소 강력한 시너지를 발휘한다. 몸을 움직이는 즐거움과 영혼을 울리는 소리가 만나, 우리의 삶에 예상치 못한 기적과 행복을 선사한다. 그러니 오늘, 당신의 신발 끈을 고쳐 매고, 당신의 영혼을 울릴 음악을 선택한 뒤, 세상 밖으로 달려 나가 보라. 그 길 위에서 당신은 분명, 음악이 선사하는 새로운 차원의 행복을 마주하게 될 것이다.

6

달리기가 내 몸에 새긴 세 가지 기적

 1년이라는 시간 동안 달리기에 전념하며 나는 그저 체력과 마음의 불안을 회복하고 싶었을 뿐이었다. 하지만 달리기는 예상치 못한 순간에 찾아와 내 몸 곳곳에 작지만 의미 있는 기적들을 조용히 선물했다.

 그중 첫 번째는 발톱 무좀의 소멸이었다. 오랜 기간 동안 즐겨 해 오던 배드민턴 탓에 오른쪽 둘째발가락 발톱이 늘 성치 않았다. 급기야 피멍이 든 틈으로 무좀균이 침투한 듯, 발톱은 흉측하게 검푸른 빛깔로 변했고 두께는 4~5mm까지 두꺼워져 자를 때마다 고통스러운 숙제였다. 군대 이후로 무좀은 내 발에 늘 머물러 있는 숙명 같은 것이라 여겼다. 그런데 1년여 달리기를 마친 어느 날, 발톱을 보니 무좀이 거의 사라져 있었다. 발톱 색깔은 완전히 정상으로 돌아왔고, 두꺼웠던 두께는 절반 이하로 줄어 있었다. 달리기가 발가락 끝까지 충분한 혈액을 공급하고 면역 기능을 회복시켜 준 덕분일까. 오랜 시간 나와 함께했던 고질병이 사라진 이 변화는 나에게 기적에 가까운 일이었다.

두 번째는 땀 냄새의 변화였다. 달리기를 막 시작했을 때, 돌아와 옷을 벗는 일이 고역이었다. 러닝복에 배인 땀 냄새는 '이게 사람 땀 냄새인가' 싶을 정도로 고약했다. 처음에는 땀 냄새에 대해 그리 심각하게 인지하지는 못했으나 6개월에서 1년 사이에 그 냄새는 유독 내 코를 찔렀는데, 7년 넘게 복용해 온 항불안제와 항우울제가 남긴 흔적이라고 짐작만 할 뿐이었다. 하지만 1년 반이 지난 지금, 예전처럼 고약한 냄새는 사라졌다.

땀 냄새에 관한 잊을 수 없는 에피소드가 있다. 한겨울, 우울과 불안이 재발할까 두려워 점심시간에 회사 옆 청계천에 나가 뛴 적이 있었다. 그때는 한참 겨울이었고, 겨울이 되면 우울과 불안이 약간은 재발하는 경향이 있었으므로, 점심시간에 밥을 먹고 오침을 청하는 것보다는 나가서 뛰어야겠다는 생각을 했다. 불안은 낮잠을 자는 경우 더 심하게 올라오는 이상한(?) 특징이 있어 점심을 먹고 잠을 자다가 불안이 온몸과 마음을 가득 채워 내 목과 가슴을 조르는 느낌에 화들짝 놀라 깨기 일쑤였다. 그렇게 깨면 달콤한 낮잠은 돌연 악몽으로 변해 버리기 일쑤였다.

조금은 피곤했지만 불안에 화들짝 깨는 것보다는 차라리 뛰는 게 낫다고 생각했고 점심을 먹지 않고 40분을 뛰어 보겠다는 생각에 운동화를 신고 청계천을 나가 뛰고 들어왔다. 회사에 샤워 시설이 없었지만 겨울이라 땀이 많이 나지 않을 거라 안일하게 생각했다. 점심시간이 끝나고 회의실에 모여 있는데, 팀원 한 분이 문을 열고 들어오더니

"이 고약한 냄새는 뭐야? 땀 냄새야? 누구야?"라며 부산을 떨었다. 나는 내 몸에서 그 정도로 심한 냄새가 나는지 몰랐기에 쥐구멍에라도 들어가고 싶은 심정이었다. 나를 생각해서 참아 주었을 다른 팀원들에게 지금도 미안함이 밀려온다. 이제 돌이켜 보면, 땀 냄새는 내 몸이 회복되는 정도를 보여주는 바로미터였다. 그 악취가 사라진 것은 몸이 건강을 되찾고 있다는 가장 강력한 증거였다.

세 번째는 하체 근육의 성장이다. 달리기를 시작하기 전, 무릎 슬개골 아래는 움푹 파여 근육이 거의 없었다. 하지만 꾸준히 달리기만 했을 뿐인데, 무릎 주위의 잔 근육들이 단단하게 자리 잡았고, 가자미근이 발달하면서 장딴지도 제법 튼실해졌다. 이런 다리 근육량의 증가 덕분인지 골프 비거리가 상당히 늘고 스윙의 안정감도 생겼다. 두 다리가 튼튼하게 버티면서 상체를 받쳐 주니 스윙에 더 힘이 실린 것이다. 러닝은 내 골프 인생에도 작지만 의미 있는 변화를 가져왔다.

이처럼 달리기는 나에게 세 가지 기적을 가져다주었다. 발톱과 땀 냄새, 그리고 다리 근육의 변화는 단순히 외형적인 변모가 아니라, 내 몸이 스스로 회복하고 있다는 증거였다. 달리기가 내 몸과 마음에 새겨 준 이 소중한 흔적들이야말로 내가 달리고 있는 가장 중요한 이유다.

1

하노이의 새벽, 과거와 마주하다

    2024년 1월 6일, 처음으로 스트라바 앱을 깔고 1km를 달려 봤다. 그 몇 달 뒤, 장기간의 해외 출장이 잡혔다. 그때까지만 해도 여전히 아침저녁으로 항불안제를 챙겨 먹던 때라, 해외 출장은 막연한 불안감과 함께 나를 짓눌렀다. 2주간 베트남 하노이 해외법인을 감사해야 하는 막중한 임무는 어깨를 짓누르는 짐 같았다.

    하지만 고작 서너 달의 짧은 러닝 경험만으로도, 나는 이 달리기가 나를 불안으로부터 해방시켜 줄 마지막 비상구라는 막연한 기대와 확신을 품고 있었다. 아니, 적어도 달리는 동안만큼은 불안하지 않을 거라는 강렬한 믿음이 있었다. 달리는 기쁨, 달린 후에 밀려오는 성취감. 러닝이 내게 주는 이 효험들을 온몸으로 체감해가고 있었기 때문이다.

    그래서 해외 출장을 떠나는 가방에도 러닝화와 러닝용 의류, 양말은 물론 머리띠와 러닝 워치까지 모두 챙겨 넣었다. 러닝에 진심인 이들은 사비를 들여 해외 마라톤 대회에까지 참가한다고 한다. 그런데 나는 회사의 비용으로 해외에 보내주니, 이 얼마나 좋은 기회인가. 퇴근 후 저녁, 2주간의 출장인 만큼 주말이 되면 베트남 하노이 곳곳을 누벼 보리라 다짐했다.

 3월의 베트남 하노이는 아직 겨울의 옷을 벗지 못하고 있었다. 하늘은 온종일 회색 구름으로 덮여 어둑했고, 촉촉한 이슬비가 지면을 약하게 적시곤 했다. 저녁에는 보슬비가 살포시 내리기도 했다. 하노이 경남 랜드마크 칼리다스(calidas)에 머무는 동안에는 비가 오면 실내 트랙을 돌았고, 주말에 해가 나면 뚜리 엠 지역을 뛰어다녔다. 숙소를 롯데 하노이 센터로 옮기고 나서는 아침에 뛰었다. 저녁마다 일정이 있어 시간을 내기가 쉽지 않았고, 하노이의 밤은 아직 한국처럼 그리 안전하지 않기 때문이었다. 가로등이 한국보다 밝지 않아 거리는 금세 어둠에 잠겼고, 쉴 새 없이 오가는 오토바이 역시 위험했다. 롯데 하노이 센터에서 북으로 곧장 올라가면 서호에 다다르게 되는데, 아침 6시쯤부터 뛰면 8시에 출장자들과 아침을 먹는 일정에 맞출 수 있을 것 같았다.

 롯데 하노이 센터에서 리에우 자이를 지나 반 까오 도로를 타고 북으로 뛰면 서호에 이른다. 서호 남쪽 호숫가를 따라 응웬 딩티 도로가 연결되어 쩐 꾸옥 사원에 다다른다. 나는 아침에 이 경로를 따라 뛰어 보기로 했다. 역시 3월 하노이의 날씨는 여전히 겨울이었다. 이른 아침 일어나니 여전히 부슬부슬 이슬비가 내렸다. 반바지에 반팔 차림으로 내려와 약간은 쌀쌀했지만, 뛰면 더워질 것이므로 괘념치 않고 몸을 풀고 달렸다. 몸을 푸는 동안 이런 악천후 속에서도 달리고 나면 뿌듯할 것 같은 느낌이 미리 차올라 나도 모르게 웃음이 났다. 이른 아침이었지만 차들이 많았다. 오토바이는 더 차고 넘쳤다. 역시 베트남 사람들은 부지런한가 보다.

서호를 만나 응웬 딩티 도로로 접어드니 제법 뛰는 사람들을 만날 수 있었다. 아직까지 베트남에서도 뛰는 현지인은 그리 많지 않다. 이른 아침 서호를 뛰는 사람들의 70~80%는 외국인들이었다. 여행을 왔든지, 아니면 현지에 파견 나온 주재원이거나 사업가일 수도 있다. 인상적인 몇몇 러너들도 보았다. 외국인들 중에 60세 이상 되어 보이는 노부부가 추적추적 내리는 이슬비에 아랑곳하지 않고 러닝을 하고 있었다. 참 보기 좋았다. 반가운 마음에 지나가는 부부에게 큰 목소리로 아침 인사를 건넸다. "Hi…." 그들도 내게 웃음으로 화답해 주었다. 러너들 중에는 베트남 현지인들도 몇몇 보였으나, 현지의 국가 평균 연령에 비해 젊은 사람은 거의 보이지 않았다. 역시 달리며 건강을 챙기고 삶을 돌아보는 일은, 어느 정도 먹고사는 문제가 해결된 후에야 가능한 여유인가 보다.

'내가 베트남 하노이에서 언제 또 이런 호사를 누려 보겠어?' 나는 이른 아침 서호의 풍경을 두 눈에 가득 담으려 애쓰며 달렸다. 서호를 중심으로 아침을 여는 하노이 시민들의 삶을 기억하고 싶었다. 아침 일찍 서호에서 고기를 낚고 있는 도시 어부의 낭만적인 모습, 서호를 따라 즐비하게 늘어선 식당 앞에서 민물고기를 손질하고 앉아 있는 아낙네의 칼질 소리, 그리고 이른 아침부터 자전거에 꽃들을 가득 싣고 부지런히 팔러 가는 필부의 수고로움을 보았다. 서호를 향해 달린 두 번의 아침 여정은 한 번은 서호의 동쪽 편으로, 한 번은 서호의 서쪽 편으로 향했고, 조금이라도 더 넓은 지역을 달려 보려 애썼다. 달리기를 시작한 지 석 달이 채 지나지 않은 시기였지만, 달리는 수고로움이 즐거움으로 조금씩 변하고 있을 무렵이었다. 그리고 그 러닝의 기억들은 내 인생에 또 다른 추억으로 남아 있다.

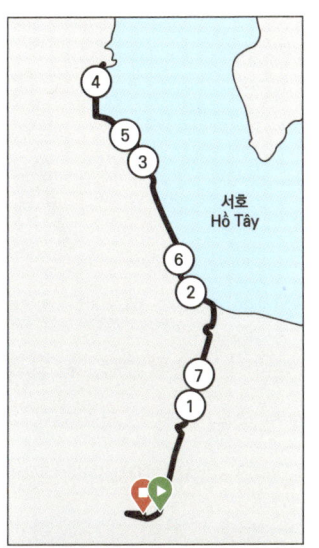
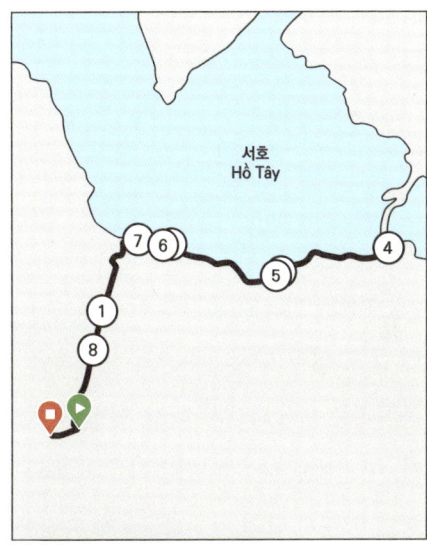

2

다카의 열기 속에서 찾은 평화

 2주간의 하노이 출장을 마치고 겨우 일주일의 휴식을 가졌다. 숨 돌릴 틈도 없이 다시 2주간의 해외 출장 강행군이 계속되었다. 두 번째 목적지는 방글라데시 다카. 낯선 곳에서의 새로운 여정이 시작되었지만, 이번에도 나는 어김없이 러닝화와 러닝복을 챙겨 넣었다. '이곳에서도 반드시 달려 보리라!' 굳게 다짐했지만, 막상 도착한 다카는 달릴 만한 곳이 많지 않았다.

 무엇보다 현지에 나가 근무하고 있는 주재원들의 조언에 따르면, 방글라데시는 치안 문제로 인해 야외 달리기가 어렵다고 했다. 처음 방글라데시에 도착한 다음 날 출근길, 나는 그 이유를 대번에 알 수 있었다. 전 세계에서 가장 가난한 나라. 그 타이틀이 말해 주듯 정체된 도로 위로 아줌마와 어린아이들이 겁도 없이 걸어와 차창에 바짝 붙었다. 그러고는 말했다. "보스, 기브 미 머니(Boss, give me money)."

 충격과 공포가 동시에 밀려왔다. 그 순간, 머릿속을 스치는 생각은 다름 아닌 한국 영화 〈부산행〉이었다. 혼란스러운 현실 속에서 '도망쳐야 한다'는 본능적인 불안감이 엄습했다.

하루 일과를 마치고 숙소로 돌아가 저녁을 먹고 옷을 갈아입자, 주재원 한 분이 공원에 가서 달리려고 하니 다른 데 가지 말고 공원으로 오라고 알려 주었다. 막상 준비 운동을 마치고 밖으로 나오니, 하늘은 살짝 어둡고 무거운 것이 비가 내릴 것만 같았다. 그렇다고 러닝을 포기할 수는 없었다. 한국 주재원이 가르쳐 준 굴사 호수 공원으로 가서 본격적인 러닝을 시작했다.

두 바퀴쯤 돌았을까. 저 멀리 앞에서 뛰어가는 동료가 눈에 들어왔다. 나보다 예닐곱 살은 더 많은 분이셨는데, 그의 발걸음은 믿을 수 없을 만큼 가벼웠고 페이스는 훨씬 빨랐다. 따라잡으려 더 속도를 냈지만 소용없었다. 그는 이미 방글라데시 다카에서 수년째 근무 중이었다. 이곳에서 얼마나 오랜 시간 이 공원을 달렸을까. 낯선 타지에서의 외로움과 업무 스트레스를 이 굴사 호수 공원에서 달리며 견뎌 왔을까. 하노이에서 시작된 그의 주재원 생활이 이곳 방글라데시까지, 남들 같으면 엄두도 못 낼 해외 근무지를 오랜 세월 버텨 낼 수 있었던 힘이 저 달리기에서 나오는 것일까. 멀리 달아나는 그의 뒷모습을 보며 나는 알 수 없는 열등감과 함께 깊은 외로움을 느꼈다. 마치 내가 그의 삶의 속도에 미처 따라가지 못하고 뒤처지는 것 같아 서글펐다.

하지만 그 슬픔도 잠시, 하늘에서 굵은 빗방울이 떨어지기 시작했다. 달리기로 후끈 달아오른 몸을 시원하게 적셔 주는 소나기가 오히려 반갑기까지 했다. '이대로 조금만 더 달려 보자.' 공원을 세 바퀴째

돌고 있는데, 공원 저편에 그분이 서 있었다. 지나가는 나에게 손짓하며 비가 많이 오니 그만 들어가자고 재촉했다. 한 바퀴만 더 돌아 보겠다고 이야기하고 계속 뛰었다. 한 바퀴를 더 돌고 오니 여전히 공원 정문에서 기다리고 계셨다. 기다리고 있는 그를 뿌리치고 더 뛰지는 못했다. 그와 함께 숙소로 돌아왔다. 그렇게 러닝을 끝내는 것이 못내 아쉬웠다.

그로부터 이틀 뒤, 나는 다시 굴사 호수 공원으로 나가 달렸다. 이번에는 현지인 한 분과 우연히 만나 함께 공원을 돌며 이런저런 영어 대화를 나누었다. 그의 유쾌한 말솜씨 덕분에 즐거운 '수다 런'이 이어졌다. 그는 한눈에 보아도 방글라데시의 유력 인사 같았다. 고급 러닝복에서 풍기는 부유함, 그의 표정과 말투에서 느껴지는 넉넉함과 여유가 인상적이었다. 그는 이렇게 달리기를 시작한 지 십여 년이 되었다고 했다. 나는 순간 그가 부러웠고, 그가 달려온 세월이 너무나 샘이 났다.

'나는 왜 이 좋은 운동을 이제야 알게 된 것일까?'

달리기로 불안을 완전히 극복할 수 있을지는 그때도 확신할 수 없었지만, 십 년 전부터 달리기를 알았다면 이 지독한 불안에 그토록 오랫동안 시달리며 고통받지 않아도 되지 않았을까 하는 뒤늦은 후회가 밀려들었다.

두 바퀴를 같이 뛰고 그는 먼저 운동을 그만하겠노라며, 방글라데시에서의 일정을 잘 마치라는 인사를 남기고 공원 밖으로 사라졌다. 그가 사라진 공원은 갑자기 쓸쓸함만 남았다. 하지만 이내 쓸쓸함보다 달리기로 인해 내 마음에 밀려드는 뿌듯함이 더 커졌다. '그렇지. 그래서 내가 달리는 거지.' 이렇게 나는 내 인생에 다시는 오지 못할지도 모를 방글라데시 수도 다카의 어느 공원 구석 지축을 울리며 달리고 있었다. 그리고 간절히 바랐다. 이 뜀박질이 나를 지독한 불안에서 하루 빨리 해방시켜 주기를.

3

싱가포르, 머라이언의 아침인사

　방글라데시 감사 이후, 우리 팀은 싱가포르로 넘어갔다. 새벽 비행기로 창이 공항에 도착했고, 마침 그날은 토요일이라 개인 휴식 시간을 가질 수 있었다. 새로운 도시, 낯선 외국에 왔으니 이곳에도 내 발자국을 남기고 싶어 러닝 복장으로 거리에 나섰다.

　숙소였던 M-hotel에서 마리나 베이 샌즈가 우뚝 선 머라이언 공원까지 뛰어 보려 했다. M-hotel을 출발해 안슨로드와 로빈슨 로드를 지나 콜리어퀘어에 접어들자, 오른쪽으로 넓은 호수가 펼쳐졌다. 로빈슨 로드와 콜리어퀘어를 지나는 동안 인상적인 사람들을 여럿 만났다. 첫 번째 무리는 사이클을 타는 사람들이었다. 대여섯 명이 조를 이루어 깔끔한 사이클복을 차려입고, 고글과 헬멧을 쓴 채 쏜살같이 도로를 질주하는 모습에서 행복과 건강이 흘러넘쳤다.

　갑자기 내가 뛰는 속도가 너무 느리고 답답하게 느껴졌다. 저들의 건강하고 행복한 삶에 비해, 고작 불안 하나를 이기지 못해 허덕이는 내 삶이 초라하게 느껴지기도 했다. 사실 '고작 불안 하나'라고 하기에는 불안이 야기하는 병증들은 행복해야 할 우리의 삶을 완전히 망가뜨릴 만큼 무겁다. 나도 저들처럼 튼튼한 몸을 가져 보고 싶다는 생각이 간절해졌다.

이런저런 복잡한 마음도 잠시, 오른쪽으로 펼쳐지는 넓은 호수와 맑은 하늘, 빌딩들이 그려 내는 에메랄드빛 스카이라인이 나에게 환호와 기쁨을 선사했다. 내 인생에 또 언제 이런 도시에서 달려 볼 기회가 있겠는가. 나는 두 번에 걸쳐 머라이언 공원 주변까지 뛰었는데, 한 번은 왼쪽으로, 다른 한 번은 오른쪽으로 돌았다.

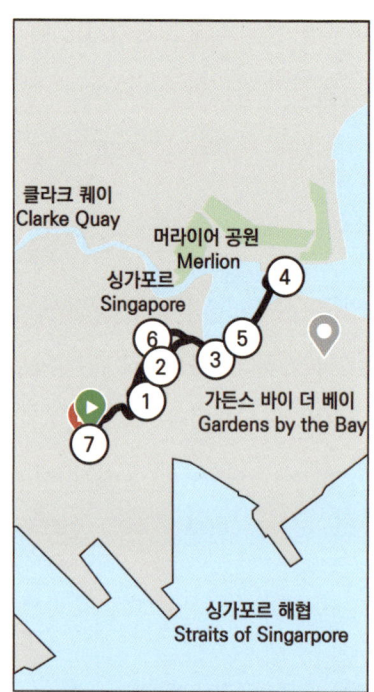

머라이언 호수를 도는 동안 수많은 아침 러너들을 만났다. 대부분이 외국인이었고, 싱가포르가 진정한 국제도시임을 실감할 수 있었다. 현지인들도 일부 있었다. 무엇보다 기분 좋은 일은 외국인들이 건네는 살가운 아침 인사였다. 오고 가며 서로의 땀방울을 바라보며 "Hi."라고 인사하는 반가움이라니. 한 번도 만나 본 적 없는 낯선 이방인들끼리 '러닝'이라는 이름으로 건네는 안부. "당신도 달리고 있군요. 나도 달려요." 러너들에게 이보다 더 큰 위로는 없는 듯하다.

일주일 동안 싱가포르에 머물면서 자회사를 감사해야 한다는 부담감에 답답함이 없었다면 거짓말일 것이다. 그러나 이른 아침 일어나 머라이언 공원을 달린 두 번의 러닝을 통해 모든 답답함을 씻어 내고, 여행하듯, 놀듯, 즐기듯 일주일의 출장 일정을 소화할 수 있었다. 3월이었지만 싱가포르의 아침은 역시 더웠다. 50분간의 러닝을 마치고 시원한 호텔 로비로 돌아와 패션프루트 주스 한 잔을 들이켜는 기쁨과 후련함은 말해 무엇하겠는가.

싱가포르에서의 러닝은 이렇게 내 인생에 또 다른 기쁜 추억으로 남았다.

4

작지만 소중한 도전, 10km 마라톤대회

　2024년 1월, 달리기를 시작했다. 처음엔 단순한 운동이었지만, 하루하루 쌓여 가는 마일리지는 내 안에 알 수 없는 기대와 열망을 피워 냈다. 네이버 러닝 동호회 카페에 가입하며 그 세계를 엿보기 시작했다. 1년이 지날 무렵, 자연스레 마라톤 대회에 관심이 생겼지만, 막상 출전을 결심하기란 쉽지 않았다. 하지만 카페 사람들의 열정적인 후기를 보면서, '대회뽕'이라는 말이 대체 어떤 기분인지 궁금해졌다. 수많은 사람들과 함께 뛰는 그 분위기는 어떨까. 모든 것이 낯설고 막막했지만, 운 좋게도 2025년 3월 2일 경기수원국제하프마라톤대회 10km 구간에 신청하며 첫발을 내디뎠다.

　날짜가 다가올수록 불안해졌다. 과연 내가 완주할 수 있을까. 일주일 전부터는 체력 관리에 집중했다. 많은 러너들이 들으면 웃을지도 모를 일이지만, 나에게는 그만큼 절박한 마음이었다.

　대회 당일, 수원까지 차를 몰고 갔다. 한 시간이나 일찍 도착했지만,

경기장 주변은 이미 축제의 열기로 가득했다. 모두가 러닝복을 차려입고 모여들고 있었다. 이른 시간임에도 주차 공간을 찾기 힘들어 한적한 통로에 겨우 차를 세우고 안도의 한숨을 내쉬었다. 대회장에 들어서자, 수많은 무리가 이미 몸을 풀고 있었다. 각 단체와 클럽의 깃발 아래 모인 사람들, 활기 넘치는 푸드 트럭, 홍보 부스들이 줄지어 늘어서 있었다. 중앙 무대에서는 치어리더들의 힘찬 춤사위가 경쾌한 음악과 어우러져 울려 퍼졌다. 귓가를 때리는 비트와 수많은 러너들의 목소리가 뒤섞여 하나의 거대한 소음 교향곡을 만들어 냈다.

"아, 대회는 이런 분위기 때문에 나오는 거구나."

문득 주변을 둘러보다가 화장실을 찾았다. 하지만 이미 100m는 족히 되어 보이는 대기 줄에 아연실색했다. 다음부터는 무조건 대회장 밖에서 모든 생리현상을 해결하고 와야 한다는 것을, 대회 초짜는 그제야 깨달았다. 우여곡절 끝에 용무를 해결하고 나오니, 경기장 한편에서는 러너들의 무릎에 테이핑을 해주는 곳이 보였다. 딱히 불편하지는 않지만 경험 삼아 줄을 서서 테이핑을 받았다. SNS 가입 이벤트로 단백질제와 홍삼 드링크까지 챙기는 얄팍한 마음이 들 때쯤, 문득 깨달았다. 이 넓은 곳, 이렇게 많은 사람들 속에 나 혼자라는 사실. 왠지 모를 쓸쓸함이 온몸을 휘감았다. 삼삼오오 모여 웃고 떠드는 크루들의 활기찬 모습 속에서, 나는 잠시 투명인간이 된 기분이었다.

드디어 출발 시간이 다가왔다. 출발선에 서서 본부석의 신호를 기다렸다.

"전방을 향해 기분 좋은 함성 발사!"

구름같이 모인 사람들의 함성이 운동장을 가득 채웠다. 그 순간, 불안감은 사라지고 알 수 없는 흥분이 밀려왔다. 출발 신호와 함께 거대한 인파가 물결처럼 쏟아져 나가기 시작했다. 수많은 사람들 속에서 뛰는 이 생경한 경험은 좌우를 살피며 풍경을 놓치고 싶지 않게 만들었다.

　얼마쯤 달렸을까. 가장 인상 깊었던 것은 주로를 따라 도열한 채 응원을 보내는 사람들의 모습이었다. 클럽 회원들, 지인들의 우렁찬 "파이팅!" 소리가 나를 향한 것처럼 느껴져 힘이 솟았다. 혼자였지만 외롭지 않았다. 주로에는 자원봉사자들도 있었다. 일정한 거리마다 물과 음료를 준비해 두고 러너들을 위해 손을 내밀어 주는 사람들. 그리고 안전을 위해 허리끈에 풍선을 달고 뛰는 사람들. 그들이 있어 대회 주로가 마냥 외롭지만은 않았다.

다양한 사람들의 모습도 신선했다. 머리가 하얗게 센 노신사가 나보다 더 빠른 페이스로 달리고 있었다. '나도 저 나이가 될 때까지 달리고 싶다. 달리는 일이 이리 행복한 일이라면, 내 인생의 마지막이 이 주로여도 좋지 않을까.' 주로 저편에는 젊은 부부와 초등학생쯤 돼 보이는 두 아들이 함께 달리고 있었다. 걷는 듯 뛰는 듯, 환한 미소를 지으며 달리는 네 명의 모습은 그 자체로 행복한 축제였다. 그들에게 마라톤은 경쟁이 아니라 일상이었고, 함께하는 즐거움이었다.

반환점을 돌아 돌아오는 길은 내리막이 많아 한결 수월했다. 장거리 페이스에 몸이 익숙해질 무렵, 갑자기 뒤에서 "비켜요!"하는 비명 같은 외침이 들렸다. 휙, 하는 바람 소리와 함께 160cm도 채 안 되어 보이는 작고 날렵한 주자가 나를 스쳐 지나갔다. 그녀의 페이스는 나의 전력 질주에 가까웠다. 놀라움과 동시에 당혹스러움이 몰려왔다. 저만치 멀어져 가는 그녀의 뒷모습을 동경의 눈으로 바라보며, 문득 내 뜀박질이 거북이처럼 느껴졌다. '뭐, 나는 선수가 아니니까.' 스스로를 위안하며 다시 달리는 일에 집중했다.

    저 멀리 수원종합운동장이 보였다. 다 왔다는 생각에 힘이 났다. 시계를 보니 52분이었다. '한 시간 안에 들어갈 수 있겠다.' 두 다리가 무거워졌지만 조금 더 페이스를 올렸다. 골인지점에 가까워질수록 다리는 다시 가벼워졌다. 그리고 마침내 결승선을 통과했을 때, 내 눈에 들어온 기록은 59분. 평소 달리던 시간보다 8분 이상 앞당긴 기록이었다. 첫 대회치고는 아주 준수한 기록이라는 생각에 스스로를 대견하게 여겼다.

    대회를 마치고 주최 측에서 준비한 빵과 우유를 받아 들고 허기를 달랬다. 운동장에 주저앉아 빵을 우걱우걱 먹고, 사람들이 줄을 선 곳에 나도 줄을 서서 완주 기념사진을 찍었다. 그렇게 나는 낯선 사람들의 응원과 함께, 혼자서도 얼마든지 완주할 수 있다는 것을 배웠다.

    생애 첫 10km 마라톤 완주. 결승선을 통과하는 순간, 온몸을 휘감는 짜릿한 감정은 '대회뽕'이란 단어가 의미하는 바를 비로소 깨닫게 해주었다. 동시에 그 달콤한 유혹에 함부로 취하면 안 된다는 것도 몸소 배웠다.

  대회 직후, 흥분과 성취감에 젖어 두 시간 가까이 운전해 집에 돌아오는 동안에는 몰랐다. 그 환희가 사라진 자리에 찾아올 고통을. 수많은 사람들과 함께 달리며 뜨거운 응원에 힘입었을 때는 힘든 줄도 모르고 달렸지만, 이미 나의 몸은 한계치를 넘어선 후였다. 다음 마라톤에 나선다면, 더 이상 기록 단축이나 페이스에 연연하지 않으리라 다짐한다. 그저 최적의 심박수를 유지하며 안전하게 완주하는 것을 목표로 삼아야겠다. '욕심을 버려야 오래 달릴 수 있다'고 스스로에게 늘 되뇌던 그 말을, 뼈저리게 느껴야 했던 첫 10km 마라톤이었다.

5

아빠의 러닝, 딸에게 전하는 가장 따뜻한 유산

　나는 딸 바보 아빠다. 그래서일까, 딸 역시 항상 아빠바라기이다. 사실 내가 불안장애를 극복하고자 달리기를 시작했을 때부터, 딸은 곁에서 나를 지켜봐 주었다. 2024년 1월 25일. 여느 겨울처럼 추위가 맹위를 떨치던 날이었다. 나는 퇴근길에 영등포구청역에서 내려 까치산역까지 달렸다. 묵직한 오버코트를 걸치고 운동화만 든 가방을 멘 채 집으로 향했다. 겨우 저녁 6시(고3이 저녁 6시에 집에 있다는 것 자체가 어불성설이었다)였지만, 딸은 집에서 천사 같은 미소로 나를 맞아 주었다. 우리는 말없이 나의 첫 러닝 인생을 자축하며 거실 거울 앞에서 함께 사진을 남기곤 했다. 딸은 그렇게 내게 살가운 존재였고, 위로였다.

하지만 그런 딸이 고등학교 2학년이 되면서 서서히 무너져 갔다. 2023년 초의 일이었다. 나는 타고나길 여리고 예민한 데다 체력마저 약한 편이었다. 딸 또한 그런 나를 많이 닮았으리라 짐작은 했지만, 정작 수험생 생활을 제대로 견디지 못하는 모습을 보니 아비의 마음은 무거웠다.

딸은 언제부터인가 제대로 소화를 하지 못했고, 급기야는 문제 풀이를 위해 연필을 쥔 손끝이 스트레스로 살짝 떨리기까지 했다. 나는 딸이 학원을 그만두어야 한다는 것을 직감했다. 어느 날 저녁, 나는 딸과 한 시간가량 진지하게 이야기를 나누고 학원을 그만두게 했다. 그리고 혼자 집에서 공부하라고 일렀다.

문제는 수개월이 흘러도 딸의 건강이 나아지지 않았다는 점이다. 불안감은 여전했고, 무엇보다 소화 불량으로 자주 체하고 토하는 일이 반복되었다. 2023년 초부터 시작된 이상 증세가 가을이 지나도 계속

되자, 나는 딸에게 달리기를 권했다.

"대학교를 못 가도 좋으니, 일주일에 두세 번은 달려 보렴."

2023년 10월, 딸은 처음으로 달리기를 시작했다. 시작은 미약했다. 겨우 600m도 이어 뛰지 못하고 숨을 헐떡거렸다. 나는 걷기와 뛰기를 반복하는 '걷뛰'를 추천하며 뛰는 법을 가르쳤다. 일주일에 10%씩만 거리를 늘리라고 조언하고, 심박수를 확인할 수 있는 샤오미 밴드도 사 주었다. 딸도 본인의 스트레스와 그로 인한 증상 때문인지 달리기를 꾸준히 하려고 애썼다.

해가 바뀌고 2024년 2월 무렵에는 처음 시작의 두 배인 1.6km 정도를 뛰었다. 나는 그런 딸을 위해 조깅화와 러닝복을 사 주며 격려했다. 그렇게 딸은 힘들고 힘든 고등학교 3학년 생활을 이겨 내고 마침내 대학에 진학했다. 대학 새내기 생활로 바빴지만, 딸은 잊을 만하면 밖으로 나가 달렸다. 2025년 8월 현재, 딸은 3km 이상을 쉬지 않고 달린다. 턱없이 짧은 기록이라고 할 수도 있지만, 딸의 심박 수준과 바쁜 대학 생활을 생각하면 이 또한 장족의 발전이 아닐 수 없다.

지금은 한 달에 두어 번 정도 딸과 함께 러닝을 한다.

　딸의 페이스는 8분대라 보조를 맞춰 뛰는 일이 쉽지는 않지만, 그럼에도 딸 바보인 아빠는 딸과 함께 뛰는 일이 행복하다. 문득 궁금해진다. 딸에게 러닝은 어떤 의미와 가치가 있을까?

　딸은 러닝의 가장 큰 매력은 특별한 진입 장벽이 없다는 것이라고 말한다. 요가나 필라테스 같은 경우에는 비용도 들고 대단한 결심이 필요하지만, 러닝은 그저 운동화 하나만 있으면 밖으로 나가 뛸 수 있기 때문이라고 한다. 학원에서 다른 사람들과 어울려야 한다는 점도 딸에게는 부담이었다.

　무엇보다 딸은 뛰고 나면 말로는 설명할 수 없는 보람과 기분 좋은 성취감을 느낀다고 했다. 오늘 하루도 '갓생'을 살았다는 느낌이 든다고. 달리기를 마치고 지친 몸을 이끌고 집에 돌아와 침대에 쓰러지듯 누우면 그렇게 기분이 좋을 수 없다고 한다. 감정과 이성이 모두 깨끗하고 맑아지는 느낌이 들 때도 자주 있다고 한다. 이 정도면 딸은 남은 인생 동안 러닝을 훌륭한 동반자로 삼아 잘 살아갈 수 있을 것 같다.

내가 처음 딸에게 가르쳐 주고 싶었던 러닝의 행복을 딸이 스스로 깨달은 것 같고, 마치 귀한 유산을 제대로 물려준 것 같아 감사하다.

  사랑하는 나의 딸아,
  아빠가 러닝을 통해 7년간 고생하던 불안장애에서 벗어나 행복한 중년을 보내고 있는 것을 너도 보았을 테니, 앞으로 살아갈 너의 인생은 달리면서 살아가렴.
  살아가다 너 혼자 극복하기 힘든 일을 만나거든, 달리렴. 비록 달리는 일이 산처럼 높이 너를 가로막은 큰일을 당장 해결해 주지는 못할지라도, 너는 달리는 일을 통해 강한 체력을 기르고 근성을 가지고 그 일을 풀어나갈 힘을 얻게 될 것이니 꼭 달리기를 바란다. 달리는 동안 생각이 정리되고, 때로는 그 일을 풀어 나갈 묘수가 떠오를 수도 있을 거야. 달리는 일은 명상과 다르지 않기 때문이란다.
  살아가다 슬픈 일을 만나거나 삶이 너무 무료하고 의미 없다고 느껴지거든, 다시 한번 달리렴. 달리면서 신나는 음악을 듣고, 공원과 산, 들, 지천에 피어 있는 꽃들과 나무들, 사람들을 바라보렴. 러닝은 너의 슬픔이 너의 온몸과 영혼을 삼키지 못하게 막아 주는 방파제가 되어 줄 것이고, 무료하고 의미 없는 것 같던 너의 인생에 행복을 가져다줄 거라는 사실을 아빠는 알아.
  아빠가 이 주로의 끝에서 스스로를 만나고 행복을 찾았던 것처럼, 너도 달리는 길 위에서 너만의 파랑새를 찾을 수 있기를 바란다. 건강은 물론 삶의 행복을 이 일에서 찾을 수 있으리라 확신하며, 아빠는 너의 삶에 동행해 줄 수 있는 세월이 얼마 남지 않았지만, 네가 달리는 삶을 계속 살아갈 수 있다면 먼 미래의 너의 삶이 행복과 건강으로 가득 차리라 믿는단다.

 딸, 할 수 있지?

감사의 글

내 인생의 첫 책 《평범한 직장인의 평범하지 않은 불안 다루기》를 집필할 때만 해도 책 말미에 감사의 글을 적을 생각은 하지 못했다. 그러나 이번 두 번째 글을 쓰면서는 꼭 감사한 마음을 전하고 싶었다. 달리기를 통해 마음이 건강해진 탓일까, 조금은 내 주변을 돌아볼 여유가 생긴 것 같기도 하다.

긴 러닝 이야기를 마무리하다 보니, 감사함을 전해야 할 대상과 사람들이 참 많다.

먼저, 두 번의 휴직에도 불구하고 24년간 내게 일자리를 제공해 준 나의 일터, 성○○○에 깊이 감사한다. 병든 부모님을 봉양하려고 휴직하는 직원을 기다려 주고, 신장투석을 해야 하는 직원을 위해 서울 변두리 사업장으로 근무지를 옮겨 주는 따뜻한 기업 문화가 바로 성○○○다. 그런 회사가 두 번의 휴직을 한 나를 기다려 주었고, 잦은 불안장애 재발로 힘겨운 일상을 이어 가는 나를 꾸준히 믿고 곁을 지켜주었다. 결국 회사는 사람들로 이루어져 있고, 그 구성원 모두가 나를 기다려 준 것이다. 진심으로 감사한다.

두 번째로, 나를 걱정하는 마음으로 '걸어 보라'고 이야기해 준 안○○ 전무에게 감사한다. 2002년 내가 신입 사원이었던 시절부터, 우리는 오랜 기간 서로를 지켜보며 때때로 의지하고 힘든 마음을 나누며 성○○○에서 한솥밥을 먹어 왔다. 무심결에 건넨 '걸어 보면 어때?'라는 그의 한마디가 나를 걷게 했고, 뛰게 했다. 그 덕분에 나는 1년여의 시간 만에 불안에서 벗어났고, 내 인생에서 가장 소중한 운동과 위로를 얻었다.

세 번째로, 나와 함께했던 성○○○ 직원들에게 감사한다. 특히 휴직 후 복직했음에도 여전히 불안장애 재발로 흔들리던 나를 묵묵히 지켜봐 주고 응원해 준 이○○ 상무와 전○○ 팀장에게 특별히 감사한다. 직장 생활 속에서 든든한 형님처럼 내게 의지가 되어 주었다. 컨디션이 좋지 않아 꾸벅꾸벅 졸거나(두 번째 복직 후 항불안제 부작용으로 기면증에 가까운 졸음이 왔을 때조차, 불안감에 마음이 힘든 것보다 차라리 졸 수 있다는 사실에 감사했다. 그땐 그랬다), 극심한 불안 증세로 업무에 집중하지 못한 채 넋 놓고 있을 때도 한 번도 눈치 주거나 타박하지 않았다. 오히려 걱정하고 염려하며 소리 없는 응원을 보내 주었다.

두 분 외에도 내 건강을 염려해 준 수많은 직장 동료들이 있다. 걱정 가득한 눈빛으로 응원을 건네던 손○○ 부장, 그리고 불안감이 너무나 극심하여 밥조차 제대로 넘기지 못하는 나에게 근사한 저녁 식사를 대접하고 집과 정반대 방향인데도 한 시간여를 달려 데려다준 임○○

대표. 이분들 모두 내게 소리 없는 응원군이었다.

　물론 이 외에도 먼발치에서 비록 걱정스러운 말 한마디 건네지 못했지만 맘속으로 나를 응원해 준 많은 이들이 있음을 안다. 그들은 한결같이 내가 불안장애를 극복하기를 바라며 응원해 주었다.

　네 번째로, 불안하고 위태로웠던 내 곁을 든든하게 지켜준 나의 아내에게 감사한다. 2004년 광화문 카페에서 처음 만난 아내는 지금까지 내 곁에서 가장 고생한 사람이다. 한 가정의 가장이 불안장애로 두 번이나 휴직했을 때, 아내는 얼마나 불안하고 힘들었을까. 보장되지 않은 미래가 송두리째 흔들리는 상황이었음에도 아내는 한 번도 힘든 내색을 하지 않았다. 달리기를 시작하고 점차 건강해지는 남편이 반가워 '오늘은 안 뛰어?'라며 러닝을 격려해 주던 아내의 얼굴에 요즘 들어 부쩍 함박웃음이 많아졌다. 22년 동안 굳건한 믿음으로 내 곁을 지켜 주어 감사하다. 이제는 내가 그런 아내에게 행복을 선물할 차례다. 여보, 한없이 고마워.

　다섯 번째로, 휴먼레이스 러닝 카페 회원들에게 감사의 말을 전하고 싶다. 달리기를 시작하고, 러닝 크루가 있다는 것을 알게 된 후 가입한 카페에서, 회원들은 나의 도전을 진심으로 격려해 주었다. 자신도 건강을 위해 달리고 있다며 나의 불안한 하루하루에 동행해 주고, 부족한 내 글에 응원 가득한 답글을 남겨 준 많은 회원들이 있었다. 때로는 내 성실함을 호소하듯 달린 이야기들을 적어 내려갔고, 회원들은 "잘

하고 있어요", "곧 좋아질 겁니다", "건런하세요. 파이팅"이라며 나를 향한 응원을 멈추지 않았다. 혼자 달리는 동안에도 외롭지 않았던 이유 중 하나는, 나의 기록들을 지켜보며 격려하고 호응해 준 많은 회원들이 있었기 때문일 것이다. "함께 달리는 러닝(함런)은 사랑이다."

마지막으로, 이 모든 여정의 처음과 끝에 계신 나의 하나님께 감사와 영광을 돌린다. 성경의 말씀처럼, "사람이 마음으로 자기의 길을 계획할지라도 그의 걸음을 인도하는 자는 여호와"이시다. 걷기와 달리기를 통해 7년간의 깊은 불안에서 벗어날 수 있었던 것이 오직 나의 노력만은 아니었음을 고백한다. 이는 나의 걸음을 인도하고 지탱해 주신 주님의 은혜였음을, 그 광야의 시간들을 견디게 하신 사랑이었음을 이제야 깨닫는다. 달리는 여정 가운데 육체가 회복되는 기적을 허락하시고, 지독한 고통을 겪었던 나를 통해 이제는 같은 아픔을 겪는 이들의 손을 잡아 줄 수 있는 '상처 입은 치유자'로 세워 주심에 또한 감사드린다. 그리고 그 신실하신 하나님의 종이 되어 나를 위해 끊임없는 중보를 쉬지 않으셨던 정○○ 권사님의 헌신에도 감사드린다.